Literatur um 11
Autoren im Café
einer Universitätsstadt

Titelbild: Dirk Kaesler liest im Café Vetter

Die von den Autoren verwendete Schreibweise wurde weitgehend beibehalten

Impressum:

ISBN 978-3-943556-36-0

Besuchen Sie uns im Internet:
www.verlag-blaues-schloss.de

Druck und Bindung: FINDR Český Těšín

Horst Schwebel und K. H. Symon (Hg.)

Literatur um 11

Autoren lesen im Café einer Universitätsstadt

40 Jahre Neue Literarische Gesellschaft Marburg

Verlag Blaues Schloss • Marburg

Inhaltsverzeichnis

Foto: Uwe Badouin

Dr. Kerstin Weinbach, Ludwig Legge und Dr. Richard Laufner
bei der 40 Jahrfeier der NLG im Rathaus

Grußwort des Landes Hessen

Wenn eine Initiative aus der Mitte der Gesellschaft zur Institution gewachsen ist, wenn ein Verein mit einem nachhaltigen Programm und literarischen Angeboten Jung wie Alt begeistert und aus dem Veranstaltungskalender einer Stadt nicht mehr wegzudenken ist, dann darf man zu Recht stolz sein. All dies ist der Neuen Literarischen Gesellschaft in den zurückliegenden Jahren gelungen.

Deshalb gilt mein besonderer Dank und Glückwunsch anlässlich des 40jährigen Bestehens all den ehrenamtlich engagierten Bürgerinnen und Bürgern, die diese Entwicklung ermöglicht und gestaltet haben. Ihrem Schaffen ist es zu verdanken, dass Marburg und die Region um ein besonderes Kulturangebot bereichert wurden. Themenvielfalt, interessante Gäste, ein abwechslungsreiches Programm – das sind die Zutaten eines erfolgreichen Konzepts für Veranstaltungen wie „Literatur um 11", die die Neue Literarische Gesellschaft anbietet.

Diese Entwicklung haben wir auch von Seiten des Hessischen Ministeriums für Wissenschaft und Kunst über viele Jahre hinweg gefördert. Letztendlich bleibt es aber ein Verdienst des Vereins und seiner engagierten Mitglieder.

Für Ihre weitere Arbeit wünsche ich Ihnen viel Erfolg und Tatkraft und dem Verein mit seinem anspruchsvollen Angebot begeisterte Gäste.

Ihr
Boris Rhein
Hessischer Minister für Wissenschaft und Kunst

Grußwort der Stadt Marburg

Literatur auf der Höhe der Zeit

Die Neue Literarische Gesellschaft wird 40 Jahre alt und ist damit im besten Alter. Die Zahl 40 repräsentiert laut Google die Vollkommenheit. 40 Tage dauert aber auch die christliche Fastenzeit, 40 Wochen währt eine Schwangerschaft, 40 Jahre ist das Mindestalter eines deutschen Bundespräsidenten. Und genau in dieser Spanne zwischen jugendlicher Frische, Klugheit, Sparsamkeit, Produktivität und Reife bewegt sich die NLG, wie sie in der Kulturszene kurz und respektvoll genannt wird.

Selbst wenn wir in Marburg im Gegensatz zur Medizin, Chemie oder Physik keine Nobelpreisträger der Literatur hatten, so hat Literatur in Marburg eine lange Tradition. Schon im 18. Jahrhundert entstanden hier zahlreiche Lesegesellschaften, Literaturzirkel und Leihbibliotheken als Ausdrucksformen der entstehenden bürgerlichen Gesellschaft. Wir wissen, dass der Vielleser Jacob Grimm in Marburg sogar einen eigenen Literaturzirkel gründete.

Angesichts dieser langen Tradition darf es uns nicht verwundern, wenn der Verein, der sich vor 40 Jahren gründete, sich ausdrücklich „Neue Literarische Gesellschaft" nannte. Sie war inspiriert von der kulturellen Aufbruchbewegung der 1970er-Jahre. Und sie erkannte früh und richtig, dass Literatur ein passendes Ambiente braucht. Die „Literatur um 11“ im Café Vetter war geboren. Und diese „Location“, wie es neudeutsch heißt, hat sich bestens bewährt dank der Familie Vetter, die dieses wunderbare Caféhaus-Ambiente organisiert.

Es gibt in Marburg eine breite Literaturszene mit verschiedenen Akteuren – zum Teil inspiriert durch die Philipps-Universität mit dem Institut für Neuere deutsche Literatur. Aber ohne die anderen Literaturvereine, -festivals oder Literatenzirkel abwerten zu wollen, dürfen wir sagen:

Mit 35 bis 40 Lesungen im Jahr ist die Neue Literarische Gesellschaft schon allein quantitativ das Flaggschiff der Marburger Literaturszene. Zu Ihrem Profil gehören seit jeher programmatische Ausflüge in benachbarte Sparten wie Kabarett, Chanson und Geisteswissenschaften. Von Letzterem legt ein Zeugnis ab die neue Buchreihe „Uni im Café“, die im Verlag Blaues Schloss erscheint, mit Autoren vor allem der heimischen Philipps-Universität. Die Schriftenreihe ist ein Beitrag zum Miteinander von Stadt und Universität.

Wenn wir den kulturpolitischen Beitrag unserer Jubilarin mit ihrem unermüdlichen Initiator und Organisator in einem Satz formulieren sollten, hieße der folgendermaßen:

„Die Neue Literarische Gesellschaft hat dafür gesorgt, dass Marburg seit 40 Jahren aktuelle internationale Literatur auf der Höhe der Zeit erleben durfte.“ Und das auf teilweise spektakuläre Weise. Anfangs wurde der Nobelpreis erwähnt. Wir möchten daran erinnern, dass die NLG Günter Grass und Tomas Tranströmer lange vor ihrer Nobelpreisverleihung zu Gast hatte. Das zeigt den sicheren literarischen Instinkt der Programmverantwortlichen. Oft platzte das Café Vetter aus allen Nähten. Manchmal musste sogar in die benachbarte Uni-Aula ausgewichen werden.

Begeistert erinnern wir uns an die mehrtägige Non-Stop-Lesung von Walter Kempowskis „Echolot“, eine wahre literarische Meditation in Sachen deutscher Geschichte, an der sich 200 Marburger im Kerner Tage und Nächte beteiligten.

Zum Profil der NLG gehört aber auch, dass heimische Autorinnen und Autoren ein Forum bekamen. Und das waren und sind beileibe keine Feld-, Wald- und Wiesendichter! Dafür sorgt schon der 1. Vorsitzende ganz persönlich. Ludwig Legge hat auch zum Jubiläum mit dem sogenannten „Literatorium" – Titel: „untermorgen übergestern" – zusammen mit der Musikerin Roswitha Aulenkamp und Ensemble einen Beweis gegeben, dass er nicht nur Literaturveranstalter, sondern selber auch Literat ist.

Damit trägt Ihr Verein jenseits der reinen Rezeptionshaltung auf besondere Weise zur Auseinandersetzung mit Literatur bei.

Erinnert sei aber auch an die bemerkenswerte kulturpolitische Rolle der Neuen Literarischen Gesellschaft vor 1989. Damals gab sie Dissidenten aus den Staaten jenseits des Eisernen Vorhangs von Pavel Kohout bis Erich Loest und Wolf Biermann ein wichtiges Forum. Das wurde in dieser Zeit in der politischen Kultur Marburgs nicht nur von Beifall begleitet. Aber aus heutiger Sicht war es ohne Zweifel auch ein Beitrag zur Aufbruchbewegung und Überwindung der fatalen Blockkonfrontation.

Auch nach der Öffnung der Grenzen blieb das Café Vetter Schauplatz internationalen Austauschs. Die Bilanz der NLG zum 40-jährigen Jubiläum erinnert an insgesamt 1.300 Autorinnen und Autoren – darunter Literaten aus Buenos Aires und Ulan Bator, aus Barcelona und Stockholm.

Wer die Marburger Kultur- und Literaturpolitik der letzten Jahrzehnte kennt, weiß, dass Anfang der 1980er-Jahre von der Neuen Literarischen Gesellschaft zusammen mit Stadt und Landkreis ein Literaturpreis ins Leben gerufen wurde. Eine Zeitlang gingen die Partner gemeinsam, dann gabelten sich diese Wege. Vor zehn Jahren entschlossen sich Stadt und Landkreis, den Literaturpreis nicht mehr weiterzuführen, sondern durch verschiedene andere Formen der Förderung abzulösen.

Diese bewegte und nicht konfliktfreie Geschichte soll hier nicht verschwiegen, aber auch nicht aufgewärmt werden. Aber es muss daran erinnert werden: Ludwig Legge und die Neue Literarische Gesellschaft haben schon seit Jahren erklärt, dass sie sich wieder einen Literaturpreis wünschen und dafür auch engagieren. Und aus dem Wunsch ist durch die Hartnäckigkeit Ludwig Legges Wirklichkeit geworden. Mit einem neuen Literaturpreis – erster Preisträger war 2012 Galsan Tschinag – ist es gelungen, ein ganz eigenes, interessantes Profil mit starker Publikumsbindung zu entwickeln.

Wir möchten zum Abschluss auf ein besonderes Verdienst der Neuen Literarischen Gesellschaft hinweisen: das rein ehrenamtliche Engagement der Vereinsmitglieder und des Vorstands; ein rein ehrenamtliches Engagement, das trotzdem – oder vielleicht gerade deshalb – zu einer engen persönlichen Bindung zu den eingeladenen Literaten führte. Ich glaube, es ist nur gerecht, wenn wir dabei den besonderen Einsatz des Vorsitzenden herausheben. Es ist eine einzigartige Leistung in der Marburger Kulturlandschaft, dass ein so aktiver Verein wie die Neue Literarische Gesellschaft 40 Jahre lang ehrenamtlich auf diesem kulturellen Niveau geführt wurde. Dafür möchten wir uns bei Ludwig Legge und seinen Mitstreiterinnen und Mitstreitern ganz herzlich bedanken.

Egon Vaupel
Oberbürgermeister
der Universitätsstadt Marburg

Dr. Kerstin Weinbach
Stadträtin und Kulturdezernentin
der Universitätsstadt Marburg

Vorwort

Nachdem über vierzig Jahre im Café Vetter Literaturlesungen stattgefunden haben, ist der Zeitpunkt gekommen, sich vor Augen zu führen, was in dieser Zeit alles geschehen ist. So geht es denn zunächst um die Erinnerung, einem Panorama in bunten Farben, besetzt mit hochkomplexen Persönlichkeiten. Dabei trafen sich nicht nur die Protagonisten der deutschen und der deutsch-deutschen Literaturszene, sondern auch die anderer, speziell der osteuropäischen Länder. Den mit diesem Personenkreis verbundenen Aktivitäten geht der erste, der Erinnerung gewidmete Teil des Buches nach, ergänzt durch Zeitungsberichte und Beiträge von Zeitzeugen.

Dem folgen als zweiten Teil Gastbeiträge von Autorinnen und Autoren, die schon einmal in Marburg waren und hier ihr Bestes zum Besten gegeben haben. Ergänzt wird dieser Teil durch einen Blick ins Gästebuch, in welchem manch wohlklingender Name seine unverwechselbare Spur hinterlassen hat.

Dass es auch in Marburg Personen gibt, die schreiben, wird anschließend durch die „Kleine Marburger Anthologie“ belegt. Dabei handelt es sich um kürzere, meist lyrische Versuche, eher Appetithäppchen statt üppiger Speise.

Ein Novum für die Neue Literarische Gesellschaft ist die Gründung des Verlags Blaues Schloss Marburg. Wie es dazu kam und welche Ziele der Verlag verfolgt, wird vom Verlagsgründer K. H. Symon erläutert. Speziell für eine Universitätsstadt erweist sich die Vortragsreihe „Uni im Café“ als Glücksfall, dass die Vorträge in einer handlichen Broschüre zugänglich gemacht werden.

Zum Abschluss kommt noch einmal Ludwig Legge zu Wort, der gemeinsam mit Reinhard Spalke am 4. November 1973 die Neue Literarische Gesellschaft gegründet hat und seitdem ihr Vorsitzender ist.

Die Herausgeber danken den Autorinnen und Autoren für ihre bereitgestellten Beiträge. Zuschüsse zur Realisierung des Vorhabens gaben das Land Hessen, die Stadt Marburg und die Neue Literarische Gesellschaft. Allen Unterstützern gilt unser Dank.

Lassen das filmische Erzählen über das Fernsehen und die Short-Kommunikation über Computer und Smartphone die an das Wort gebundene Literatur in den Hintergrund treten, so ist es umso wichtiger, dass es Orte gibt, wo die Literatur über Sprache und Personen „life“ vermittelt wird.

Marburg, im November 2014

Horst Schwebel

K. H. Symon

Kapitel 1

Literatur im Kaffeehaus

Horst Schwebel

Die Idee, Literatur im Café zu vermitteln, ist mit Unwägbarkeiten verbunden. Die Aura droht verloren zu gehen, wenn das Geschirr klappert, die Kaffeemaschine aufheult und die Verkäuferin der Autorenlesung zum Trotz hellstimmig Torte verkauft. Mitunter ist das Verkaufsgespräch an der Theke deutlicher zu verstehen als die Worte der Vortragenden, obgleich diese ein Mikrofon zur Hand haben. Literatur im Café kann zum Grenzfall literarischer Wahrnehmung werden. Gleichwohl birgt die Lesung im Café nicht unbeachtliche Möglichkeiten.

Etwas vom Fluidum eines Budapester oder Wiener Kaffeehauses kam bis nach Marburg herübergeweht und hat im Café Vetter seit nunmehr über vierzig Jahren eine Heimstätte gefunden. Ludwig Legge ist Gastgeber, Empfangschef und Moderator in Sachen Literatur, die sich an ungewohntem Ort zu behaupten hat. Denn nicht jede Literatur ist in der Lage, angesichts der anfallenden Geräuschkulisse und des anheimelnden oberhessischen Ambiente – mit Pralinen, Wildbret und Antiquitäten – das Standing zu finden, das zum Überleben des gesprochenen Textes erforderlich ist. Schwedische Naturlyrik mit dem einsamen Blatt auf einsamem See tut sich dabei schwerer als Heiko Postma, der vor vollbesetztem Haus zur Weihnachtszeit mit Lederweste und voluminöser Stimme Karl May, Dickens und andere Inkunabeln ereignisintensiver Literatur zu Gehör bringt. Doch gewöhnlich lassen sich Autoren und Publikum nicht beirren und nehmen die Kaffeehausatmosphäre als Herausforderung an, die vorgetragenen Texte auf ihre literarische und kommunikative Tauglichkeit zu überprüfen.

Glück hat, wer als Autor gut lesen kann, dem es gelingt, die Kaffeehausbesucherinnen – es sind in der Regel mehr Frauen als Männer – durch das Nadelöhr akustischer Widerstände in die Welt des Textes hinüber zu schleusen. Gelingt es dem Autor oder der Autorin, über die Geschichte, die Personen, Bilder und Stimmungen jenen Sog zu erzeugen, der die reale Umgebung vergessen lässt, um in die eigene Sprachwelt Einlass zu gewähren, ist die erste Hürde überwunden.

Ein Café ist kein Vortragssaal, kein Theater, keine Buchhandlung, kein Museum und auch keine Kirche, sondern ein Ort der Konsumption und der Geselligkeit, also ein ganz und gar unsakraler Ort. Mag der Autor auch leicht erhöht auf einem Podium sitzen, so ist er doch optisch keineswegs abgesondert und ausgegrenzt, sondern befindet sich – wie die Spinne im Netz – umgeben und umwoben von seiner Zuhörerschaft. Wie sie sitzt auch er an einem Tisch, begrüßt die morgendlichen Gäste, parliert, liest seinen Text, stellt sich der Diskussion und signiert sein neues Buch. Der Autor oder die Autorin sind der illustre Teil der Sonntagvormittagsgemeinde, die den Weg zu ihm oder ihr gefunden hat. An die Stelle von würdevoller Distanz tritt Vertrautheit und Nähe. Man erfährt nicht allein etwas über den vorgetragenen Text, sondern ebenfalls etwas über die Person, die ihn in mühevoller Kleinarbeit verfasst hat. Man gewahrt Gestik und Mimik, die Kleidung, das Lampenfieber und manch andere individuelle Besonderheit, vor allem aber vernimmt man die Stimme.

weiterlesen auf Seite 24

Ein Zeitzeuge berichtet:

Mein Weg ins Café Vetter

Heiko Postma

Im Frühsommer des Jahres 1976 erhielt ich in Hannover den Anruf eines dynamischen Herrn namens Ludwig Legge, seines Zeichens Vorsitzender der Neuen Literarischen Gesellschaft Marburg, ob ich bereit sei, am Sonntag, den 29. August 1976, im Rahmen einer Karl-May-Matinee im Café Vetter einen Vortrag über den sächsischen Fabulierer zu halten und am Samstag davor ein Karl-May-Seminar zu leiten. (Ich hatte einige Aufsätze über Karl May verfasst, in meiner Doktorarbeit über Arno Schmidt gab's natürlich ein Karl-May-Kapitel, und so hatte mich die Karl May-Gesellschaft gewissermaßen als Nachwuchskraft nach Marburg empfohlen.)

Ehe ich erfreut zusagte, erkundigte ich mich selbstverständlich nach den potentiellen Adressaten im Publikum. Alles ausgewiesene Fachleute und exquisite Karl-May-Kenner, sagte Ludwig Legge. Nun denn. Da gerade Karl Mays, sagen wir: eigenwilliges, Erinnerungswerk »Mein Leben und Streben« neu und zum ersten Mal seit Jahrzehnten in authentischer, unbearbeiteter Gestalt herausgekommen war, schlug ich vor, dieses Buch meinem Vortrag zugrunde zu legen und im Seminar die vertrackte Editionslage des May'schen Œuvres zu behandeln. Wunderbar, sagte Ludwig Legge. Und so machte ich mich an die Ausarbeitung eines scharfsinnig

„Die Teilnehmer waren herzlich und gebildet, aufgeschlossen und wissbegierig. Nur Karl-May-Spezialisten waren sie nicht."

gefitzelten Referats, das den heiklen Ansprüchen der ausgewiesenen Karl-May-Spezialisten im Saal genügen sollte, und bereitete mich für das Seminar auf heiße Debatten mit den Verfechtern der Bearbeitungspraktiken des Karl-May-Verlags vor.

Am Samstag, den 28. August, traf ich auf dem Marburger Bahnhof ein. Das Erste, was ich sah, war ein Plakat zur Karl-May-Matinee mit dem Vortrag von Dr. Jürgen Postma. So hatte ich zwar noch nie geheißen, aber ich nahm's so hin. Dann begann das Seminar im Hotel Waldecker Hof. Als ich, zum Beleg der besagten fragwürdigen Editions-Praktiken, ein paar der grün-goldenen Kleinoktav-Bände der Radebeuler und Bamberger Ausgabe auf den Tisch legte, rief ein Teilnehmer begeistert aus: »Oh, davon hab' ich in meiner Jugend auch mal zwei oder drei gelesen!« Und da stieg in mir das leise Gefühl auf, irgendwie im falschen Film zu sein.

Die Teilnehmer waren herzlich und gebildet, aufgeschlossen und wissbegierig. Nur Karl-May-Spezialisten waren sie nicht. Für sie war Karl May, wie für die meisten Leser, eine Erinnerung an Tage spannender Jugendlektüre – eine Gestalt, von der man gern etwas mehr erfahren wollte, aber bislang eben wenig wusste. Im Seminar brachte ich mich dann einigermaßen improvisierend über die Runden. Nur mein sonntäglicher Spezial-Vortrag, das schwante mir immer mehr – er würde nahezu komplett an den Erwartungen des Publikums vorbeigehen. Was tun? Ich suchte eine Wochenenddienst-Apotheke auf, erwarb ein Päckchen Ginseng-Granulat, bereitete daraus ein Tonikum und schrieb, solchermaßen gedopt, des Nachts im Hotelzimmer einen neuen Karl-May-Vortrag – diesmal nicht für Monomanen-Ohren gedacht, sondern für interessierte Laien. In den Morgenstunden war ich fertig und begab mich mit meinem frischen (handgeschriebenen und darum schwer leserlichen!) Programm eher unfrisch ins Café Vetter. Absolut fertig war ich dann freilich nach dem Ende der Matinee. Da ich aber zum ersten Mal in Marburg war, wollte ich trotzdem noch gern das Schloss anschauen. Es war ein heißer Tag, und ich zog mit meiner – durch die mitgeführten Karl-May-Bände zusätzlich beschwerten – Reisetasche zu Berge, als ein junges Mädchen mit weit aufgerissenen (schönen!) Augen auf mich zutrat und sagte: »Sie sehen aber schlecht aus! Darf ich Ihnen Ihre Tasche tragen?« Verdammt, ich war gerade 30 Jahre alt! »Nein danke«, sagte ich, »es ist wohl nur ein bisschen heiß.« Das war meine Erstbegegnung mit Marburg, mit der NLG, mit dem Café Vetter.

Sieben Jahre später, 1983, gab's erneut eine Karl-May-Matinee, diesmal zusammen mit Erich Loest, der gerade sein Karl-May-Buch »Swallow, mein wackerer Mustang« geschrieben hatte und kurz zuvor von Ost nach West übergesiedelt war. Im Jahr darauf, 1984, folgte dann ein Abend-Auftritt in der NLG Filiale Biedenkopf, wo ich gemeinsam mit einem Marburger Alt-Mimen ein Kapitel aus Mays letztem vollendeten Reise-Roman »Weihnacht!« vortrug und kommentierte. Und das hatte späte, aber weitreichende Folgen. Denn Ludwig Legge ist ein Mayianer der hartnäckigsten Sorte, und obwohl inzwischen anderthalb Jahrzehnte verstrichen waren, erinnerte er sich genau an diese Biedenkopfer May-Nacht und lud mich 1999 ein, zu einer Marburger Weihnacht mit Karl Mays betreffendem Weihnachts-Buch .

Dieser, mein mittlerweile vierter Marburg-May, war in dreifacher Hinsicht denkwürdig für mich. Zum einen war es – ausnahmsweise – keine Matinee, sondern eine Abendveranstaltung im Café Vetter, bei der es draußen wie aus Eimern regnete und drinnen die Mikrofon-Anlage ausfiel, sodass May mit Naturstimme zu meistern war. Zum anderen musste ich mich erst wieder intensiv in Karl May einfuchsen, denn anders als die 1976 avisierten Zuhörer bin ich nie ein Karl-May-Spezialist gewesen. Spezialisten sind Leute, die über eine Sache alles, und über alle andern Sachen nichts wissen – das wollte ich nie sein. Und deswegen raffte ich mich nun, zum Dritten, endlich auf, dem großen Vorsitzenden zu sagen: »Ich kann auch anderes als Karl May.« – »Dann machen Sie doch nächstes Jahr eine Weihnachts-Matinee zu Peter Rosegger«, war die Antwort.

Und so gab's denn zum vierten Advent eine Matinee mit weihnachtlichen Geschichten von Peter Rosegger; danach eine zu Adalbert Stifters

»Bergkristall«, zu Charles Dickens' »Christmas Carol«, zu Hans Christian Andersens winterlichen Märchen, zu E. T. A. Hoffmanns »Nußknacker und Mausekönig«, zu Erich Kästners »Fliegendem Klassenzimmer«, zu Thomas Manns »Buddenbrooks«, zu Theodor Storm, zu »Peter Pan« bis hin zum »Kleinen Lord«. Zwischendurch, im Frühjahr oder Herbst, gab's dann noch Matineen zu jahreszeitlich unabhängigen Autoren wie Schiller, Kleist, Hauff, Eichendorff, Wilhelm Busch, Robert Burns, Sir Arthur Conan Doyle, Jules Verne, Edward Bulwer-Lytton, Hermann Löns oder Arno Schmidt. Ludwig Legge ist ein großer Forderer: In meiner Schriften-Serie »Bücher und Menschen« sind die meisten Bände tatsächlich auf seine Anregung hin entstanden. Nicht zuletzt der Band »In Radebeul auf fremden Pfaden. Über Wesen & Werk, Leben & Lebenslegende des Volksschriftstellers Karl May«. Howgh!

Fortsetzung von Seite 18

Freilich mag man fragen, ob es denn nötig ist, Literatur über Autorenlesungen zu vermitteln. Sind Bücher nicht in erster Linie zum Lesen da, im Bett, auf der Couch, im Liegestuhl oder sonst wo? Ist Lesen nicht – wenn der oder die Lesende mit dem Buch allein ist – eine nahezu intime Tätigkeit?

Die Musik bedarf der Aufführung; die Partitur ist notwendig, aber sie ist bloß ein Hilfsmittel, um das Endprodukt, die Aufführung, zustande zu bringen. Auch die Werke der bildenden Kunst sind darauf angewiesen, dass sie in einem Raum ausgestellt und präsentiert werden. Ohne die Ausstellung könnten die Werke nicht bekannt gemacht werden. Doch das Buch ist nicht darauf angewiesen, öffentlich vorgelesen zu werden. Es ist nicht etwas Vorläufiges, sondern etwas Fertiges, Abgeschlossenes, das im Grunde keiner Präsentation vor einem Publikum mehr bedarf. Bei der Musik und der bildenden Kunst ist dies freilich anders; die Musik bedarf der Aufführung und die bildende Kunst der Ausstellung. – Ist die Autorenlesung damit überflüssig?

Wer allabendlich im Bett seine fünfzehn Romanseiten liest, ist sich möglicherweise gar nicht bewusst, an welch wundersamem Vorgang er dabei Anteil hat. Durch die Abfolge von gelesenen Worten entsteht bei der Leserin – auch hier sind die Frauen in der Überzahl – eine Welt fühlender, denkender und handelnder Personen, eingebettet in Milieus und Landschaften, an deren Leben man teilnimmt, mitleidend bis hin zur Identifikation mit einer der Romangestalten. Sprache ist ein Wunderwerk. Ist es dann nicht verständlich, wenn der Wunsch entsteht, nun auch die Person kennenzulernen, die im Medium Sprache einen solchen Zauber auszulösen vermag? Was gäbe man als Marburger darum, Bettina und Clemens von Brentano oder Boris Pasternak begegnet zu sein? Was wäre, wenn die Brüder Grimm dem Publikum im Café Vetter erklärt hätten, wie sie den Märchen auf die Spur gekommen sind, was sie vorgefunden, hinzugefügt oder gar verändert haben? Gewiss, Doktor Schiwagos Wirkung erfolgte weltweit ohne die unmittelbare Begegnung mit dem Autor, der damals einsam in Russland in einer Datsche lebte. Trotzdem zeigt sich an diesen Beispielen, dass mit der Einbeziehung der Autoren noch eine weitere, zusätzliche Zugangsweise verbunden ist. Man erfährt nämlich etwas über die den Werken zugrunde liegende Person, ihre Beweggründe, weshalb sie gerade dieses Werk geschaffen hat und welche Probleme sich dabei ergeben haben. Bei einer personalen Begegnung – wie beispielsweise hier im Café – erfährt man an der Art und Weise, wie der Autor den eigenen Text zu Gehör bringt, wie er ihn verstanden wissen will, wie er ihn spricht, wie er ihn selbst hört. – Über Peter Kurzeck sagte eine Dame im Café Vetter, sie hätte seine Texte erst verstanden, nachdem sie gehört hatte, wie er sie las.

Publikum im Spiegel

Vielleicht wäre dieser ganze Aufwand von Autorenlesungen trotzdem nicht nötig. Doch der Spiritus Loci von Marburg sollte Anlass sein, an dem aufwändigeren Weg der Autorenlesung festzuhalten. Im ‚Prinz Rosa Stramin' schrieb Ernst Koch: „Göttingen h a t eine Universität, Marburg i s t eine." Mit dem Verständnis, im Kochschen Sinne eine Universitätsstadt zu sein, ist es nicht unpassend, dass über das private Bücherlesen hinaus Literatur noch auf eine weitere, die Tiefenschicht auslotende Weise zugänglich gemacht werde: nämlich über die Präsentation durch die Person des Autors. Das der Civitas Academicorum Gemäße bestünde dann darin, sich nicht mit dem privat Gelesenen zufriedenzugeben, sondern weiter zu fragen nach dem Davorliegenden, den Ursachen und Beweggründen.

Es sind auch nicht nur berühmte Autoren, die im Café Vetter ihre Texte zu Gehör bringen. Oft sind es weniger bekannte Namen, Autoren abseits des Mainstreams. Auch die Debütantin ist dabei, die aufgeregt und erwartungsvoll ihren ersten Roman dem Publikum vorstellt. Bei Personen, die regelmäßig, womöglich seit Jahrzehnten, zu den Literaturlesungen kommen, hat sich angesichts des Kaleidoskops von Stimmen, Sprechweisen und Genres in Sachen Literatur inzwischen sogar eine gewisse Kennerschaft herausgebildet, eine kritische, aber wohlmeinende.

Kapitel 2

Die Anfänge

Wie hat alles angefangen?

Treibende Kraft des Unternehmens war von Anfang an Ludwig Legge in Verbindung mit Reinhard Spalke. Beide waren bereits als Schüler in Eisenberg (Thüringen) auffällig, konnten aber noch vor dem Mauerbau in den Westen entkommen. Als Studenten in Tübingen und Marburg (Legge: Germanistik, Geschichte, Philosophie; Spalke: Theologie, Religionswissenschaft, Pädagogik) verband sie Interesse und Leidenschaft für die Literatur. Mit einer Gruppe Gleichgesinnter gaben sie von 1966 bis 1974 in Marburg die Zeitschrift LOG heraus, neun Nummern und einige Zusatzbände, geschrieben mit Schreibmaschine, hektografiert und mit einem Pappumschlag versehen. Der Charakter der Beiträge war ausschließlich experimenteller Natur. Bei der letzten, der neunten Nummer kamen bereits Personen zu Wort, die uns später im Café Vetter wieder begegneten, etwa Karl Krolow, Hanne F. Juritz, Friederike Mayröcker und Peter O. Chotjewitz.

Bild: Karl Krolow

weiterlesen auf Seite 30

Ein Zeitzeuge berichtet:

Ein Auftritt 1973 im Café Vetter zu Marburg

von Wilhelm Ziehr

Als der erste Satz der „Oberhessischen Presse" vom 5. November 1973 unter der Überschrift „Literatur um 11" geschrieben wurde, ahnte der mit respa zeichnende Beobachter sicher nicht, dass er eine Veranstaltung beschrieb, der 40 Jahre anregendes und erfolgreiches Weiterleben beschieden sein sollte. Aber zur Ehre des Schreibenden sei gesagt, sein erster Satz verhieß Hoffnung: „Am 4. November 1973, 11 Uhr, endete die in Marburg seit 2 Jahren andauernde große Pause in Sachen Literatur." Auch der zweite Satz von respa klang vielversprechend, denn es wurde hervorgehoben, dass fünf Autoren aus drei verschiedenen Ländern angereist und im Café Vetter mit Lesungen aus ihren Werken aufgetreten waren. Der Horizont von „Literatur um 11" war also von Anfang an weit gezogen.

Ausscheren
aus der Freizeit
der Glück und Glücklosen,
überlegen einmal
in der Wortwahl
bleibe ich
unterlegen.

Den Artikel hatten mir die Veranstalter Ludwig Legge und Reinhard Spalke, die Herausgeber der leider nur kurze Zeit erschienenen Zeitschrift „LOG“, zugesandt. Ich fand ihn erst jüngst unter meinen Papieren und frühen Beiträgen zu „LOG“ wieder. Doch mein Gedächtnis musste gar nicht aufgefrischt werden. Zwar ist die Atmosphäre des Cafés gleich geblieben, aber das Arrangement in den Räumlichkeiten zeigte sich anders als heute.

Stühle standen für die Zuhörer in Reih und Glied wie bei einer Vorlesung. Es gab Beifall, und Herr Legge meinte hinterher im kleinen Kreise zufrieden, keiner der Autoren habe unter seinen rhetorischen Möglichkeiten gelesen.

Ich war damals aus der Schweiz angereist, wo ich in Luzern als Chefredakteur einer enzyklopädischen Buchreihe über alle Länder der Erde tätig war. Ich las deshalb vorsichtshalber unter meinem ersten Vornamen Georg Ziehr, damit Wilhelm Ziehr immer noch behaupten konnte, das war nicht ich, sondern mein Bruder, er verfasst Gedichte. Der Herausgeber einer wissenschaftlich ernst zu nehmenden Buchreihe sollte sich nach damaliger und wohl auch heutiger Ansicht nicht unbedingt der Lyrik hingeben, vielmehr sollte er über Pünktlichkeit und publizistischen Erfolg seiner Redaktion wachen.

Doch ich habe nie aufgehört, Gedichte zu schreiben, auch dann nicht, als ich in der Schweiz mit einem Freund Verlagsgründer eines Lexikonverlages wurde.

Weil damals meine erste Sammlung von Gedichten „Wortwechsel“ im Verlag der Autoren in Marburg erschien, weiß ich auch noch in etwa, welche Gedichte ich vortrug. Und erstaunt stelle ich auch nach 40 Jahren fest, „respa“ würdigte meine Lyrik freundlich: „G. Z. [...] verzichtete bewußt auf Verzierungen und brachte eine kühlresignative Intellektualität ins Spiel. Überraschenderweise blieb der moderne Gedankenlyriker und Aphoristiker auch für Nichteingeweihte verständlich, insbesondere für diejenigen, die sich über ihr Tun Rechenschaft ablegen wollen.“ In der Tat, ich erkannte mich in den Augen eines Freundes wieder.

Unter den von mir vorgetragenen sechs oder sieben Gedichten befanden sich sicher diese drei, zu denen ich trotz kaum konsequent zu nennender Zeichensetzung noch immer stehen kann.

Fortsetzung von Seite 27

1968 wurden die Literaten der LOG-Gruppe sogar vom Marburger ASTA zu einer Lesung im Hörsaalgebäude eingeladen.

Im Sommer 1973 kam es schließlich zur Gründung der ‚Neuen Literarischen Gesellschaft'. Ziel war es, so Ludwig Legge, „das literarische Leben in Marburg aus dem Dornröschenschlaf zu erwecken und von dem Randausläufer-Dasein innerhalb der heimischen Kulturlandschaft zu erlösen." Eine wesentliche Aufgabe fiel dabei der Vermittlung von Lyrik zu. „Lyrik soll bei unseren Lesungen nicht vom Katheder herunter auf ein zur Passivität verurteiltes Publikum prasseln, sondern sich durch das Ineinanderfließen von Diskussion und Rezitation zum didaktischen Allgemeingut entwickeln." (Ludwig Legge)

Das Archivfoto zeigt Reinhard Spalke als jungen Politiker.

Die erste Lesung von ‚Literatur um 11' fand am 4. November 1973 im Café Vetter in Marburg statt. Es lasen Berndt Moosblech, Bernd S. Müller, Peter Nim, M. I. Sy und Georg Ziehr. Der Schreiber dieser Zeilen war damals der Moderator. Dr. Justus Noll improvisierte am Klavier.

Die Oberhessische Presse schrieb zur Veranstaltung: „Die Schriftsteller Ludwig Legge und Reinhard Spalke haben die Sache angezettelt und sie scheinen mit ihrer Idee vom literarischen Frühschoppen auf alles andere als auf taube Ohren gestoßen zu sein. Bei den ersten Lesungen jedenfalls war das Café Vetter überfüllt und nicht nur Marburger lauschten den Dichtern." Die ‚Dichter' hatten es dem Publikum nicht gerade einfach gemacht. Vorgetragen wurden vor allem Lyrik und andere Texte, deren Gemeinsamkeit der experimentelle Umgang mit der Sprache war. Das ging bei Peter Nim bis zu einer an den Dadaismus grenzenden Sprachakrobatik, die alle Möglichkeiten des Mikrofons auslotete. – Eine solche Veranstaltung hatte es jedenfalls bis dahin in einem oberhessischen Café noch nicht gegeben.

An dem Kurs, Autoren aus dem Umkreis von Lyrik und experimentellen Texten zu Wort kommen zu lassen, hielten die beiden Protagonisten, Legge und Spalke, zunächst fest.

Sie hatten doch gerade selbst Bücher dieses Genres veröffentlicht: Ludwig Legge ‚Untermorgen übergestern' und Reinhard Spalke ‚Poem & Adpoem'. Auch die in der Zeitschrift LOG veröffentlichten Prominenten, Karl Krolow, Hanne F. Juritz und Peter O. Chotjewitz, tauchten im ersten Jahr wieder auf. Ebenfalls gab es bereits damals Verbindungslinien zur Universität, z. B. zu Dr. Hans Bänsch, der zu der bereits erwähnten ASTA-Lesung einführte oder zum Anglisten Dr. K. H. Darenberg, der Texte von Charles Tomlinson für die Zeitschrift LOG ins Deutsche übertrug. Die Kontakte zu Personen der Universität erwiesen sich für die Zukunft als hochwillkommen, zumal die in den folgenden Jahren nach Marburg geladenen Autoren aus unterschiedlichen Ländern mit unterschiedlichen Sprachen kamen. „Literatur simultan" schrieb eine Zeitung, als ein halbes Jahr nach der Gründung von ‚Literatur um 11' eine Gruppe schwedischer Autoren, zwei Frauen und zwei Männer, lasen, wobei Nils Arhammar die Texte ins Deutsche übersetzte und sie vortrug. Die fünf österreichischen Autoren, die den Schweden folgten, bedurften freilich keiner Übersetzung, wohl aber

Chotjewitz liest aus „30jährigem Frieden"

Nach dem „Butt" von Günter Grass bietet „Literatur um 11" auch am Sonntag, dem 17. Juli, 11 Uhr, im Café Vetter erneut einen aktuellen literarischen Beitrag. Diesmal liest Peter O. Chotjewitz aus seinem im Herbst bei Claasen erscheinenden neuen Roman „Der dreißigjährige Friede". Chotjewitz, Jahrgang 1934, der sich besonders mit dem Roman „Die Insel. Erzählungen auf dem Bärenauge" (1968) einen Namen machte, hat seither vor allem Erzählerisches und Hörspiele veröffentlicht. Sein Bericht über die Mafia, „Mala Vita" (1973), ist inzwischen als Taschenbuch zu haben. Darüber hinaus hat sich Chotjewitz auch durch seine Tätigkeit als Vorsitzender des hessischen Schriftstellerverbandes profiliert. In der Pause wird Leonhard Rieckhoff, auf dem jüngsten Musikbasar „entdeckt", für Auflockerung mit Rags von Scott Joplin Joplin sorgen.

OP, 16-VII-77

die drei darauf folgenden Lyriker aus Slowenien.

Der Besuch der Slowenen aus der Partnerstadt Maribor war für die Marburger Literaten übrigens äußerst folgenreich. Zum einen folgten Einladungen an die Marburger nach Lipica, zum anderen wurden in der slowenischen Literaturzeitschrift ‚Dialogi' die Texte von Marburger Autoren mit dem Titel ‚Literatur um 11' veröffentlicht, eingeleitet und übersetzt von Professor Franc Friscovec, einem Slowenen, der sich in Marburg zu Forschungszwecken aufhielt. Es war das erste Mal, dass Texte der Marburger Autoren in eine fremde Sprache übersetzt wurden.

Max von der Grün

Zu dem von Legge gewünschten Austausch zwischen Autor und Publikum ist es dann schließlich ebenfalls gekommen. Bei dem als „Arbeiterdichter" bezeichneten Max von der Grün beispielsweise, der als „Repräsentant deutscher Kultur" gerade von einer Orientreise im Auftrag des Goethe-Instituts zurückgekommen war, soll es – laut Oberhessischer Presse – nach seiner Lesung zu einem heftigen Wortwechsel zwischen ihm und dem überwiegend studentischen Publikum gekommen sein. Lakonisch bemerkte die Zeitung: „Erst bei den Spaghetti danach wirkte er fröhlicher." – Später kam Max von der Grün regelmäßig zu Lesungen nach Marburg.

Auch Karin Struck, die Verfasserin des damaligen Kultbuches

,Klassenliebe', war nach ihrer Lesung einer harten Kritik ausgesetzt. Gerade linke Autoren hatten es nämlich in den Siebzigerjahren in Marburg besonders schwer, waren sie doch dem Vorwurf des Elitären ausgesetzt. Anstatt die Gesellschaft durch die politische Aktion zu verändern, würden sie sich damit begnügen, bloß Geschichten zu schreiben. Zu Karin Strucks Auftritt kommentierte die Oberhessische Presse: „Das ideologische Wortgewirr, dem sie naturgemäß mehr ausgesetzt ist als sonstige schöngeistige Literaten, blockte sie in Marburg kurzerhand ab. Wenngleich sie die Gesellschaft, in der sie lebt, nur mit Anstrengung erträgt, sieht sie ihre vornehmste Aufgabe darin, ,nicht die Ökonomie zu ändern, sondern den Sinn für den einzelnen Menschen zu schulen.' – Eins zu null für die Literatur!

Kapitel 3

Deutsche Autoren der Siebziger-/ Achtzigerjahre und Dissidenten

Dass innerhalb von vierzig Jahren Autoren aus vielen Ländern nach Marburg gekommen sind, versteht sich von selbst. Die Zahl der Autoren schätzt Legge auf 1300, vom heimischen Autor bis zum Nobelpreisträger. Zur Herkunft der Autoren sagt er, sie sei „von Litauen bis Mallorca, von Tokyo bis Buenos Aires, von Prag bis Bukarest, von Wien bis Barcelona." Haiti, Nowosibirsk, Mekka und Jerusalem (David Rokeah) waren auch noch dabei, aber nur einer aus den USA. Dafür gibt es keinen tieferen Grund, es hat sich einfach so ergeben.

Bei den Autoren aus Deutschland sind jene Namen vertreten, die in den Siebziger- und den Achtzigerjahren die Literaturszene bestimmten: Rudolf Hagelstange, Werner Heißenbüttel, Wolfgang Hildesheimer, Horst Bingel, Rolfdietrich Schnurre. Günter Grass, der spätere Nobelpreisträger, stellte 1977 in der Alten Universität seinen Roman ‚Der Butt' vor. Martin Walser las ‚Jenseits der Liebe'. Herbert

Bild: Wolf Dietrich Schnurre

Heckmann, der damalige Präsident der Akademie für Sprache und Dichtung, begnügte sich nicht damit zu lesen, sondern präsentierte sich seinem Publikum auch als literarischer Koch. Als fünfzigster Autor nach drei Jahren ‚Literatur um 11' las Horst Bienek aus ‚Zeit ohne Glocken'.

Einige Autoren kamen immer wieder. Gabriele Wohmann und Christine Brückner mussten einmal wegen des Besucherandrangs im Café sogar zweimal hintereinander lesen. Bei Luise Rinser vermochte sogar die Universitätsaula den Ansturm nicht zu fassen. Ständige Gäste der Anfangszeit waren Max von der Grün, Rolf Hochhuth, Gerhard Zwerenz, vor allem aber Christine Brückner, die hochgeschätzte Nachbarin aus Kassel, die nach dem Krieg in der Marburger Mensa tätig war. Von dem bereits erwähnten Karl Krolow erzählte der Vorsitzende, dass es bei seinen mehrfachen Auftritten zu einem Wechsel des Tischgetränks am Rednerpult gekommen sei. Beim ersten Mal bat der Rilke-Preisträger um einen Weinbrand, beim zweiten Mal um einen Tee und beim dritten Mal um ein Glas Wasser. – Hilde Domin setzte eine Erinnerungsspur als hochsensible Lyrikerin, indem sie eine Mutter mit einem quengelnden Baby schroff des Cafés verwies.

Am häufigsten waren von den deutschen Autoren Erich Loest, Dieter Borkowski und Walter Kempowski zu Gast. Was sie miteinander verband, war, dass sie einige Jahre in Gefängnissen der DDR verbracht hatten.

Zum ersten Mal nach fünf Jahren Bautzen und seiner Übersiedlung in die Bundesrepublik trat Erich Loest im Café Vetter auf. Den Karl-May-Roman ‚Swallow, mein wackerer Mustang', hatte er noch im Gefängnis geschrieben. Als er nach der Wende seinen Roman ‚Nikolaikirche' vorstellte, sagte er zum Autor dieser Zeilen, dass er jetzt zum achten Mal Marburg besuche. Die Stadt an der Lahn sei ihm zur zweiten Heimat geworden. Im Jahr 1984 hatte Erich Loest den Marburger Literaturpreis bekommen. Mit dem damaligen Oberbürgermeister Dr. Hanno Drechsler fühlte er sich als Landsmann verbunden. Beide stammten aus dem Vogtland.

weiterlesen auf Seite 38

Samstag, 11. Februar 1984

Markant und erfolgreich

Zun Abschluß des erfolgreichen Studium generale der Philipps-Universität in diesem Semester („Autoren in der Uni") spricht Luise Rinser am kommenden Montag, 13. Februar, zum Thema „Autobiographie". Ihr Vortrag findet um 20 Uhr im Auditoriengebäude statt. Am Sonntag zuvor, 11 Uhr, ließt die Autorin aus eigenen Werken – diesmal nicht im Café Vetter, sondern in der Aula der Alten Universität, Lahntor 3.

Luise Rinser zählt zu den markantesten und erfolgreichsten deutschen Erzählerinnen. Sie wurde 1911 in Oberbayern geboren und arbeitete nach dem Studium der Pädagogik und Psychologie von 1935 bis 1939 als Volksschullehrerin. Nach ihrer ersten Buchveröffentlichung erteilten ihr die Nationalsozialisten Publikationsverbot; 1944 wurde sie unter Anklage des Hochverrats und der Wehrkraftzersetzung verhaftet. Nach 1945 arbeitete sie als Literaturkritikerin in München. Luise Rinser trat und tritt stets für Humanität, Gerechtigkeit und Freiheit ein. Ihr letzter Roman „Mirjam" beleuchtet die Geschichte der Maria Magdalena.

Luise Rinser, Mitglied der Akademie der Künste (Berlin) lebt seit 1963 in Rocca di Papa in der Nähe Roms. Sie erhielt 1979 für ihr gesamtes literarisches Werk den italienischen Literaturpreis „Premio Mediterraneo" und die Roswitha-Gedenkmedaille der Stadt Bad Gandersheim. 1980 wurde sie mit dem „Premio Europa" ausgezeichnet.

Grass kommt!

Im ganzen Trubel um den Universitäts-Jubel sollte eines nicht vergessen werden: In Marburg wird am Samstag, 25. Juni, Günther Grass aus seinem neuen Buch „Der Butt" lesen. Der weltberühmte Autor trifft gegen 15 Uhr in der Galerie Legge, Renthof 28, ein, wo Gelegenheit zu einer Vor-Diskussion gegeben ist. Die Vereinigung „Literatur um 11", im vergangenen Jahr mit zahlreichen Lesungen bedeutender Schriftsteller an die Öffentlichkeit getreten, veranstaltet mit Grass um 16 Uhr dann in der Aula der Alten Universität die Lesung.

OP 22.VI.77

Horst Bingel ließt im Café Vetter

Zur letzten Lesung in diesem Jahr am morgigen Sonntag, dem 27. November, 11 Uhr, hat die Neue Literarische Gesellschaft mit Horst Bingel einen der profiliertesten Autoren Hessens ins Café Vetter eingeladen. Bingel (Jahrgang 1933) hat nach einer Buchhandelslehre und dem Studium der Malerei und Bildhauerei bald eine vielseitige Tätigkeit als Redakteur, Kritiker und Vorsitzender des Verbandes Deutscher Schriftsteller entfaltet. Nach seinem Bekenntnis schreibt Bingel, weil er „an eine Veränderung der Welt durch die Literatur glaube".

OP 26-XI-77

Reise- und Lebenserfahrungen

Christine Brückner liest im Café Vetter

15.3.80

Christine Brückner Foto: AB

Nach Ingrid und Gerhard Zwerenz hat die Neue Literarische Gesellschaft am Sonntag, dem 16. März, wie üblich um 11 Uhr, wieder ein Schriftstellerehepaar ins Café Vetter eingeladen: Christine Brückner und Otto Heinrich Kühner werden aus ihrem gemeinsamen Buch „Erfahren und erwandert" lesen. Dieses Buch ist das Ergebnis der Reise- und Lebenserfahrungen, die sie zusammen, aber auch jeder für sich, in drei Jahrzehnten gemacht haben [u]nd schließlich sind es Reisen zu [d]en Schauplätzen ihrer Bücher.

Christine Brückner, 1921 geboren, stammt aus einem waldeckschen Pfarrhaus. Nachdem Abitur folgten fünf Jahre Kriegseinsatz und das Studium. Sie lebt heute in Kassel und ist seit 1954 als freie Schriftstellerin tätig. Außer Bilderbüchern, Hörspielen, Theaterstücken und Feuilletons veröffentlichte sie u. a. die Bücher „Ehe die Spuren verwehen" (1954), „Letztes Jahr auf Ischia" (1965), „Das glückliche Buch der a. p." (1970), „Überlebensgeschichten" (1973), „Jauche und Levkojen" (1975) und „Nirgendwo ist Poenichen" (1977). Dieser letzte Roman, von dem einige Szenen auch in Marburg spielen, ist für das Fernsehen verfilmt worden und wird zur Zeit im hessischen Regionalprogramm der ARD ausgestrahlt.

Otto Heinrich Kühner wurde 1921 in einem badischen Pfarrhaus geboren. Nach seiner Entlassung aus russischer Kriegsgefangenschaft studierte er Literatur, Philosophie und Musikwissenschaft und wurde Dramaturg und Lektor in der Hörspielabteilung des Süddeutschen Rundfunks. Seit 1965 lebt er als freier Schriftsteller in Kassel. Zu seinen wichtigsten Veröffentlichungen gehören „Nikolskoje" (1953), „Die Verläßlichkeit der Ereignisse" (1958), „Aschermittwoch" (1962), „Lebenslauf eines Ungeborenen" (1977) und „Pummerers verblümte Halbwahrheiten" (1979).

„Aus großer Zeit" — W. Kempowski liest im Café Vetter

Aktuelles bietet Marburgs Neue Literarische Gesellschaft: Am morgigen Sonntag (11 Uhr) liest der Erzähler Walter Kempowski im Café Vetter aus seinem neuen Roman „Aus großer Zeit". Einem breiten Publikum wurde Kempowski durch seine Romane „Tadellöser & Wolf" (1971) und „Uns geht's ja noch gold" (1972) bekannt. Der große Erfolg von „Tadellöser & Wolf" wurde insbesondere durch die Fernsehverfilmung gefördert. Das ZDF gab vor kurzem bekannt, daß drei weitere Folgen verfilmt und Ende 1979 gezeigt werden sollen.

OP 20.1.79

Fortsetzung von Seite 35

Der Berliner Dieter Borkowski war zwei Jahre im Gefängnis, als er gegen einen DDR-Spion in der Bundesrepublik ausgetauscht wurde. Borkowski las in Marburg eigene Texte, veranstaltete aber auch Matineen, u. a. zu Brecht und Tucholsky. Borkowski kannte noch Thomas Mann, Helene Weigel, die Frau von Bertold Brecht und manche Berühmtheit der Ost-Berliner Szene. Zwischenzeitlich war er Weggefährte von Erich Honecker und hat später sogar eine Biographie über ihn geschrieben, die ‚dem Erich' offenbar nicht gefiel. Der Witz und die freche Schnauze, worüber sich die Besucher bei Borkowskis Matineen amüsierten, waren dieselben, die den Autor in der DDR hinter Gitter gebracht hatten.

„Literatur um 11": Lesung mit Ex-DDR-Autor

Das literarisch Aktuelle stets im Visier, stellt die Neue Literarische Gesellschaft am Sonntag, den 27. September, um 11 Uhr im Café Vetter wieder eine Novität vor. Nur drei Tage nach dem Erscheinen seiner Autobiographie „Durch die Erde ein Riß" liest Erich Loest aus seinem Buch und stellt sich der Diskussion. Erich Loest, Jahrgang 1926, aus Mittweida in Sachsen stammend, gehörte noch zur Generation der Hitlerjungen, die gegen Kriegsende als „Werwolf" zum Einsatz kamen, war später Redakteur der „Leipziger Volkszeitung" und schließlich freischaffender Schriftsteller. Sein Roman „Jungen, die übrigblieben", seine Erfahrungen in der Nazizeit reflektierend und schildernd, wurde kritisiert. Loest, der in Bautzen war, ging den Weg vieler kritischer DDR-Autoren und lebt seit diesem Jahr in Osnabrück. In der Bundesrepublik erschienen sein Erzählband „Pistole mit sechzehn" (1979) und die Romane „Es geht seinen Gang oder Mühen in unserer Ebene" (1978) und „Swallow, mein wackerer Mustang" (1980, ein Karl-May-Roman). (nh)

Liest morgen aus seiner Biographie: Erich Loest.
OP-Foto: nh

OP, 26.09.81

Als sich Walter Kempowski nach fünfeinhalb Jahren Bautzen in Norddeutschland niederließ, gelang ihm mit der Romantrilogie ‚Tadellöser & Wolf' ein Werk, das als Fernsehserie einem breiten Publikum bereits bekannt war und Kultstatus erlangt hatte. Hierbei ging es um eine geistvoll-witzige Aufarbeitung seiner ostpreußischen Vergangenheit unmittelbar vor Ausbruch des Zweiten Weltkriegs. Es war ein Verdienst von Ludwig Legge, dass er diesen damals von den Medien umworbenen Schriftsteller nach Marburg holen und ihn auch an Marburg binden konnte. Aufgrund der regelmäßigen Besuche Kempowskis war es dem Marburger Publikum vergönnt, an der Aufarbeitung der Nachkriegsjahre, dem Thema seiner nachfolgenden Bücher, teilzunehmen. In Kempowskis Biografie wird

 weiterlesen auf Seite 41

Temperamentvolle Autorin Gabriele Wohmann fasziniert ihre Zuhörer

Darmstädterin suchte bei Lesung in Café Vetter den Kontakt zum Publikum

Marburg. Die populäre Darmstädter Autorin Gabriele Wohmann las gestern im Café Vetter aus ihrem neuen Roman „Das Hallenbad“.

von Kristin Seeber

Gabriele Wohmann las gestern in Marburg. *Foto: Kristin Seeber*

Gabriele Wohmann stellte ihr neues Buch „Das Hallenbad“ sowie jeweils eine Erzählung aus „Frauen machen's am späten Nachmittag“ und „Frauen schauen aufs Gesicht“ im Café Vetter vor.

Mehr als 150 Gäste waren zu Wohmanns Lesung gekommen und ließen sich von der temperamentvollen Schriftstellerin faszinieren.

Literaturpapst Marcel Reich-Ranicki zu Folge, gehört Gabriele Wohmann „zu den besten Erzählerinnen der in den 30-er Jahren geborenen Generation“. Gabriele Wohmann wurde 1932 in Darmstadt geboren und studierte später Neuere Sprachen, Musikwissenschaft und Philosophie in Frankfurt. Seit 1956 ist sie als freischaffende Autorin tätig. Sie beschäftigt sich vor allem mit Mann-Frau-Beziehungen im westdeutschen Alltag. Ihrem produktiven Arbeitseifer entsprangen eine Vielzahl von Erzählungen und Romanen.

In ihrem jüngsten Werk „Das Hallenbad“ schlüpft Wohmann in die Haut der jungen Mona. Das junge Mädchen ist normalerweise sehr geschickt im Umgang mit Problemen.

Eigentlich lebt sie ganz normal in der Realität, aber zu Weilen auch in einer Fantasiewelt, in der sie sich ihre eigenen Freunde erschafft. Manchmal gibt es allerdings Probleme, die auch für Mona nicht leicht zu lösen sind.

Das Publikum war begeistert von der sympathischen Darmstädterin, die immer wieder den Kontakt mit dem Publikum suchte.

■ *Nächsten Sonntag wird Rüdiger Safrabski zum Thema Nietzsche um 11 Uhr im Café Vetter zu hören sein.*

Oberhessische Presse
Freitag, 18. Mai 1990

Botschafter trug sich ins goldene Buch der Stadt ein

Marburg. (kw) Hoher Besuch aus Jugoslawien traf gestern im Rathaus ein. Ihre Visite im Landkreis nutzten der Botschafter der Republik, Dr. Boris Frlec, und Kulturattaché Branko Zupanc zu einem Abstecher in die Universitätsstadt, wo Oberbürgermeister Dr. Hanno Drechsler die jugoslawischen Gäste willkommen hieß.

Im Beisein von Stadtverordnetenvorsteherin Dr. Christa Czempiel und dem Vorsitzenden der Neuen Literarischen Gesellschaft, Ludwig Legge, hob das Stadtoberhaupt die guten Kontakte mit namhaften Autoren in Jugoslawien, vornehmlich in Slowenien, hervor, die bis ins Jahr 1975 zurückreichen.

Drechsler nannte Zarko Petan, der zuletzt in Marburg seine Werke vorgestellt hat. Gestern abend las er in Biedenkopf. „Petan hat sich als treffsicherer Satiriker einen Namen gemacht, der weit über Jugoslawien hinausgeht. Der Aphoristiker, Romancier und Regisseur ist in mehrere Sprachen übersetzt", würdigte der Oberbürgermeister dessen Schaffen.

Als Folge der Partnerschaft zwischen Marburg und Maribor haben sich laut Drechsler neben den literarischen auch eine ganze Reihe anderer Kontakte zwischen Deutschen und Slowenen entwikkelt. Den Besuch im Rathaus nutzten Botschafter und Kulturattaché, um sich ins goldene Buch der Stadt Marburg einzutragen.

Unser Foto zeigt (von links) den Vorsitzenden der Neuen Literarischen Gesellschaft, Ludwig Legge, Stadtverordnetenvorsteherin Dr. Christa Czempiel, Botschafter Dr. Boris Frlec, Oberbürgermeister Dr. Hanno Drechsler und Kulturattaché Branko Zupanc.

OP-Foto: Uwe Brock

Fortsetzung von Seite 38

auf Marburg, das Café Vetter und den Vorsitzenden der Neuen Literarischen Gesellschaft und seine Frau Gabriele pointiert Bezug genommen.

Ein Höhepunkt war die sechstägige Dauerlesung von Kempowskis ‚Echolot' im Kerner der Lutherischen Pfarrkirche. Es handelte sich um eine von Gabriele Ziehr initiierte und von Rotraut Urff organisierte Nonstop-Lesung im Jahr 2001, in welcher Marburger Bürger das dreibändige Werk über Tag und Nacht vorlasen. Dabei ging es um die Verlesung authentischer Dokumente – Tagebücher, Briefe, Berichte und Verlautbarungen – vom Neujahrstag bis Mitte Februar 1943, also um die Zeit rund um die Schlacht von Stalingrad. Ungefähr 300 Personen lasen die Sammlung von 3343 Seiten. Für die Nachtstunden zwischen 1 und 4 Uhr sei es mitunter schwer gewesen, Leser zu finden, sagte Rotraud Urff. Doch die Lesung sei ohne eine einzige Pause zu Ende gegangen.

Im Jahr 2003 kam es mit ‚Echolot II' zu einer Fortsetzung des Lesemarathons. Diesmal ging es um die Stimmen von Zeitzeugen von Januar und Februar 1945 anlässlich der Zerstörung Dresdens. Zu beiden Lesereihen schrieb Jean Kleeb eigene Kompositionen, die er in der Lutherischen Pfarrkirche mit seinem Chor ‚Wirsing Querbeet' zu Gehör brachte.

In den Endsiebziger- und Endachtzigerjahren wurde das Café Vetter für Dissidenten der DDR und des damaligen Ostblocks zur bevorzugten Anlaufstelle. Bei Lutz Rathenow und Günter de Bruyn gelang es erst nach einigen Anläufen, sie nach Marburg zu holen. Andere Autoren waren Johanna und Günter Braun, Thomas Brasch, Utz Rachowski, Klaus Schlesinger, Bettina Wegner, Udo Steinke. Als Jurek Becker aus seinem neuen Buch ‚Schlaflose Tage' las, war er diesmal gegenüber der DDR-Regierung kritischer als bei seiner ersten Lesung einige Jahre zuvor. Stefan Heym las wegen des Andrangs im Hörsaalgebäude der Universität. Dazu sagte er, dass er Lesungen wie diese in der DDR sonst nur in einer Kirche halten könnte, dort aber vor 1000 Zuhörern. Auch Ulrich Plenzdorf, dessen Buch ‚Die neuen Leiden des jungen W.' nur im Westen erscheinen durfte, trat noch vor der Wiedervereinigung in Marburg auf.

Walter Kempowski

Zu den Autoren, die bereits 1977 in die Bundesrepublik übergewechselt waren, gehörten auch Jürgen Fuchs und Joachim Schädlich. Als Jürgen Fuchs, der in Marburg aus seinem Buch ‚Vernehmungsprotokolle' las, bald darauf starb, wurde gesagt, man habe ihn systematisch vergiftet. Bei Schädlich war ein Kamerateam des ZDF für die Sendung ‚Kennzeichnung D' dabei. Siegmar Faust (‚Die Freiheit, die ich meine') berichtete, dass er bei seinem viereinhalb Jahre währenden Gefängnisaufenthalt vierhundert Tage in Keller-Einzelhaft zugebracht habe.

1982 veranstaltete die Neue Literarische Gesellschaft gemeinsam mit dem Kulturamt der Stadt Marburg den ‚Marburger Literaturtag'. Eingeladen waren zwanzig ehemalige DDR-Autoren, darunter auch Wolf Biermann. Als es aus dem linken Marburger Spektrum zu Missfallensäußerungen wegen der Zusammensetzung des Podiums kam, rief Helga M. Nowak ins Publikum: „Hier sitzen hundert Jahre Knast!" Nach der Wiedervereinigung und dem Zerbrechen des Ostblocks gab es keine Dissidenten mehr, wohl aber Personen, die zu der in DDR-Zeiten herrschenden Ideologie in Gegensatz gestanden hatten, nun aber in Gelassenheit reflektierten konnten, was zuvor geschehen war. So schrieb Rainer Kunze ironisierend ‚Die wunderschönen Jahre' und ‚Die Stasi war mein Eckermann'. – Mit ‚Der Turm' gelang Uwe Tellkamp 2011 ein umfangreiches Epos, in welchem er die Situation der Bildungsbürger im Dresdener Prominentenviertel ‚Weißer Hirsch' zum Darstellungsort seiner Geschichte wählte. Tellkamp las sein Buch in Marburg, unmittelbar nachdem er den Literaturpreis des Deutschen Buchhandels erhalten hatte. Ludwig Legge hatte ihn bereits vorher eingeladen, ohne zu wissen, dass der Eingeladene alsbald den Literaturpreis erhalten würde. – Bei dem im Rotlicht-Mileu agierenden, im Februar 2014 vorgestellte Roman ‚Im Stein' von Clemens Meyer, handelt es sich ebenfalls um eine Auseinandersetzung mit den Wendejahren nach der DDR.

Angesichts der neuen Lage zahlte es sich für den Vorsitzenden der Neuen Literarischen Gesellschaft aus, dass er viele Autoren des Ostblocks auch vorher schon eingeladen hatte. Als Pavel Kohout nach

weiterlesen auf Seite 48

Ein Zeitzeuge berichtet:

Stephan Heym in Marburg

von Florian Schwebel

Als Stefan Heym Marburg besuchte, galt er noch nicht als Unperson, sondern war der gefeierte Dissident aus dem Osten. Die Würdigung schien ihn dabei so wenig zu beeindrucken wie später die Schmähungen. Nicht dass ihm solche Fragen egal gewesen wären, im Gegenteil. Das Selbstverständnis des Autors an sich und sein Einwirken auf eine sperrige, windschiefe Wirklichkeit waren die Themen, von denen er bei Lesungen keine Sekunde lang loskam, in die er und sein Publikum sich festgebissen hatten. Doch seine Eitelkeit erschöpfte sich darin, diese Fragen ganz uneitel auszuhalten, zu durchbeißen und zu durchleuchten. Der Gott, der Heyms Ahasver durch Israel und durch die DDR gejagt hatte, hatte dessen Autor auserwählt, das Problem der Integrität an ihm durchzuexerzieren. Heym war die fleischgewordene, geprüfte Integrität und entsprechend kein schöner Anblick. Zyniker können schön bleiben, die haben ja auch nichts zu beschützen. Heym war ein schieläugiges, buckliges Männchen, das beim Einmarsch die Baskenmütze schwenkte wie ein böser Hofnarr. Wachsam, misstrauisch, von grienender, galliger Fröhlichkeit. In jeder Sekunde auf Zack, schlagfertig, rege und dabei pointensicher. Als Erzähler beherrschte Heym jeden Trick, von der Spannungsdramaturgie über den indirekten Dialog bis zum inneren Monolog, und jeden Tonfall, von den

„Heym war die fleischgewordene, geprüfte Integrität und entsprechend kein schöner Anblick."

Brüdern Grimm über Stasisprechblasen bis hin zum Lutherdeutsch. Seine Themen reichten von Gott in der Höhe bis hin zu unterirdischen Männerfantasien. Er konnte amerikanisch plotten, dialektisch denken und in Zungen reden, und an Menschlichem war ihm ohnehin nichts fremd. Einen Zwischenruf konterte er mit seitenweise memoriertem Heine, als würde er sich mal eben die Schuhe zubinden oder einen Putzplan besprechen. Vielleicht hätte er bei seinen Lesungen lieber über letzte Dinge gesprochen, aber er arbeitete sich mit dem Publikum durch deutsch-deutsche Wirklichkeiten und die mühevollen Ebenen von Staat und Individuum, Gerechtigkeit und Eigenverantwortung. Ganz sicher hätte er ein Großschriftsteller werden können, doch er spielte lieber den bitterernst feixenden Wadenbeißer und machte mehr als deutlich, dass er darin die Aufgabe jedes rechtschaffenen Autors sah. Es war völlig unmöglich, ihn diesseits oder jenseits der Mauer zu verorten. Sein selbstbewusster und waghalsiger Drahtseilakt war das Gegenteil von Opportunismus. Ein gerades, ungebrochenes Leben war weder in seinen Büchern, noch in seinen Erläuterungen denkbar, dafür ein gebeugtes, genussvolles Festhalten an den Ideen der Aufklärung, inmitten von Quatsch und Dummheiten. Selbstgerechtigkeit verströmte er keine, dafür aber einen enormen Stolz. Integrität ist kein schöner Anblick, aber bei Heyms Auftritt in Marburg gewann sie zumindest an selbstverständlichem Glamour. Einen intelligenteren Menschen hatte man noch nicht an einem Mikrofon erlebt und wird man wohl auch nicht mehr erleben. Nach der Wiedervereinigung sollte sein Esprit verhangener werden und seine Bücher spröder. Im Hörsaalgebäude betrieb er Werbung für das Dissidententum an sich, und damit für die Literatur. Er war faktischer Vermittler zwischen anderen widerborstigen Schriftstellern aus der DDR und dem Publikum, zwischen den Autoren untereinander und nicht zuletzt zwischen sich und den zum Teil ihm recht konträren weiteren Autoren. Dadurch bereitete Heym den Boden für die lange Liebesaffäre Marburgs mit Autoren aus der ehemaligen DDR, vom versehrteren und klassischeren Erich Loest bis hin zur grenzwertigen Polemik eines Dieter Borkowski. Damit blieb Heym das, als was er seine Karriere begonnen hatte: ein Propagandist für die Demokratie.

Vergangenheit wird fühlbar

Walter Kempowski las aus seinem neuesten Buch

Sein spitzes „S" in der Aussprache ist unüberhörbar, sein norddeutscher Dialekt nicht zu verleugnen. Mundartliche Sprachmittel sind für den Schriftsteller Walter Kempowski, der am Mittwoch abend vor großem Publikum im Café Vetter Auszüge aus seinem neuesten, noch nicht veröffentlichten Roman vorlas, als Ausdrucksmöglichkeit wichtig. Nach etwas mehr als einem Jahr war der in Rostock geborene und derzeit im niedersächsischen Zeven beheimatete Autor zum zweiten Mal auf Einladung der Neuen Literarischen Gesellschaft nach Marburg gekommen.

Das Buch, aus dem er diesmal rezitierte und das im Herbst 1981 erscheinen soll, wird „Schöne Aussicht" heißen und ist die Fortsetzung der Familienchronik der Familie Kempowski. Der Titel — so Kempowski — ist Ausdruck des Lebensgefühls der Familie K., die in Rostock Anfang der 20er Jahre meint, eine „Schöne Aussicht" vor sich zu haben.

Es ist ein heiterer, ironischer, und zugleich nachdenklich stimmender Roman, der von einer minuziösen Beobachtungsgabe und einem humoristisch-historischen Stil des 51jährigen Dichters zeugt. Kempowski, der durch „Tadellöser & Wolff", „Uns geht's ja noch gold", „Ein Kapitel für sich" und „Aus großer Zeit" bekannt wurde, schildert als der „Chronist des deutschen Bürgertums" — wie er genannt wird — aus eigenen Erfahrungen und Erinnerungen lebendige stets treffende Zeitgeschichte.

Die detaillierte Beschreibung von alltäglichen, unbedeutend und nebensächlich scheinenden Szenen des Alltags entlockte dem Publikum immer wieder ein Schmunzeln und leises Lachen. Die Atmosphäre im Eheleben von Grete und Karl Kempowski, die beispielsweise ein völlig überflüssiges Hausmädchen beschäftigen und denen die Frage, wie kommen wir zu einem Kind, zu einem ernsthaften Problem werden, wird hautnah fühlbar.

Zwar erst nach einigem Zuhören, dann aber um so deutlicher, merkte man, daß Kempowski beim Lesen wohl der beste Interpret seiner Werke ist. Durch fast gleichgültig gesetzte Betonung und eigenwillige Intonierung kam die eingefahrene, unbekümmerte Lebensweisheit der „spießerischen" Welt von damals frei nach dem Motto „Heute wird noch mal gesumpft, morgen kommt der Wendepunft" deutlich zum Ausdruck.

Fazit: dem Publikum hat die Lesung offensichtlich Spaß gemacht und gefallen. Man darf mit Recht gespannt sein auf den gesamten Roman. — Schöne Aussichten also für „Schöne Aussicht"! (ni)

OP 26.09.80

Poesie und Aggression

DDR-Autoren lasen im Café Vetter

Als „kritische Sozialisten" waren sie angekündigt worden, und als ausgesprochen kritisch erwiesen sie sich auch: der Schriftsteller Klaus Schlesinger und seine Frau, die Liedermacherin Bettina Wegner aus Ostberlin, die zu einer Autorenlesung bei „Literatur um 11" zu Gast waren. Beide gehören zu den Geduldeten unter Ost-Berlins Oppositionellen, die auch Westreisen genehmigt bekommen. Im Café Vetter, einer der letzten Stationen ihrer ausgedehnten Tournee durch die Bundesrepublik, gaben sie eine eindrucksvolle Demonstration dessen, was die Kultur-Offiziellen aus der DDR an Kritik noch zulassen.

Dies scheint gar nicht mehr so wenig zu sein, wird mancher Besucher der Veranstaltung verwundert konstatiert haben, denn was Klaus Schlesinger und Bettina Wegner in ihren Beiträgen und der anschließenden Diskussion von sich gaben, klang ganz bestimmt nicht nach Systemkonformismus. „Wir wissen, daß wir die DDR im Ausland schlecht vertreten, aber wir sind nicht die Typen, die Masken tragen, sondern tun hier genau das, was wir auch zu Hause machen." Was sie dort machen, wird sicher nur schwerlich die Zustimmung ihres sozialistischen Vaterlandes finden, denn zumindest Bettina Wegner machte in ihren leidenschaftlich vorgetragenen Liedern mit Texten voller Poesie und Aggression offen Opposition gegen den Staat, nicht aber ohne sich hinterher fast entschuldigend zu diesem zu bekennen: „Ich glaube, daß ich auf der richtigen Seite stehe. In der Bundesrepublik sehe ich keine Alternative zur DDR."

Die gleiche Meinung vertritt auch Schlesinger, dessen „deutsch-deutscher Standpunkt" in seiner Kurzgeschichte „Am Ende der Jugend" zum Ausdruck kommt, die er zum Abschluß der Lesung im vollbesetzten Café Vetter vorlas. Wie die meisten seiner anderen Beiträge, die sich überwiegend auf Träume beziehen, hat auch diese Geschichte die Beziehung zwischen Ost und West zum Inhalt. Mit eindringlicher, keineswegs aufdringlicher Stimme erzählte Schlesinger die Geschichte des Berliner Mauerbaus, wie er selbst sie vielleicht erlebt haben mag, schildert auch seine Reaktion: Sein in der in Ich-Form geschriebenen Erzählung als „Matin" vorgestellter bester Freund überschreitet noch am gleichen Tag die Grenze nach West-Berlin an einer noch nicht geschlossenen Stelle. Er sieht seinem Freund hinterher, folgt ihm, dem er sonst immer gefolgt war, aber nicht, bezieht somit Stellung für seinen Staat.

Die Treue zur DDR müssen Bettina Wegner und Klaus Schlesinger im wahrsten Sinne des Wortes „bezahlen", denn sie werden zwar nicht ausgewiesen, erhalten dafür jedoch weniger Möglichkeiten für Auftritte, die Auflagen ihrer Bücher werden klein gehalten: Das bedeutet weniger Geld. Das hindert sie jedoch nicht an der Hoffnung, eines Tages anerkannt und integriert zu werden. my

OP 25.10.78

Fortsetzung von Seite 43

dem Ende der ČSSR im Café Vetter las, sagte er: „Ich habe niemals vergessen, dass ich bereits als Dissident hierher eingeladen war." Das betraf aus der Tschechoslowakei auch die Autoren Ota Filip, Ludvik Vačulic und Jiři Grusa. Dr. Jiři Grusa wurde sogar Botschafter seines Landes und empfing Ludwig Legge in seiner Botschaft. Ein anderer, der Satiriker Zarko Petan, bekam später eine leitende Position im Theater- und Medienbereich von Slowenien und wurde Ehrenmitglied der Neuen Literarischen Gesellschaft. Gangolf Reccius, der damalige Direktor des Abendgymnasiums, lud die Autoren, meist ehemalige, inzwischen zu politischen Ehren gekommene Dissidenten, zu einem deutsch-tschechoslowakischen Abend in seinen Partykeller ein.

Den Wandel vom schreibenden Dissidenten zum Staatspräsidenten, wie ihn in der Tschechoslowakei Vaclav Havel vollzogen hatte, gab es auch in Ungarn in der Person von Arpad Göncz. Während des Ungarnaufstands wurde Göncz einst inhaftiert. Nach dem Zusammenbruch des Ostblocks wurde er sogar Staatspräsident. Im Café Vetter las er als ehemaliger Staatspräsident. Nach seiner Lesung besuchte er den ‚Ungarnstein', ein Mahnmal, das zum Gedenken an den Ungarnaufstand in Marburg errichtet wurde. Auch andere Landsleute gingen nach ihrer Lesung zum Gedenkstein. Zum Ungarnstein zu gehen, gehörte zum Ritual ungarischer Autoren.

Die Ungarn waren in Marburg mit unterschiedlichen Genres vertreten. György Dalos las aus seinem Buch ‚Die Gottsucher', während Peter Esterhazy mit groteskem Humor in seiner ‚Harmonia Caelestis' das Publikum mit dem Innenleben seiner adligen Familie vertraut machte. – Als theologischer Berater bei der Übersetzung von Texten des ungarischen Schriftstellers und Mystikers Béla Hamvas ins Deutsche wurde der Autor dieser Zeilen 1999 vom Goethe-Institut zu einem Vortrag über ‚Literatur und Religion' nach Budapest eingeladen. Am Plattensee wurde dann anlässlich des hundertsten Geburtstags von Hamvas eine Gedenkstätte eingeweiht.

Von den Rumänisch sprechenden Autoren, die in Marburg lasen, waren der Lyriker Mircea Dinescu, Ana Blandiana und Mircea Catarescu wohl die bekanntesten. Aber auch und gerade mit den deutsch-

weiterlesen auf Seite 51

Marburger Literaturtag 1982

5.Oktober 1982
Stadthalle Marburg
von 10.00 bis 23.00 Uhr

Teilnehmer:

Wolf Biermann
Wolf Deinert
Dieter Eue
Siegmar Faust
Jürgen Fuchs
Siegfried Heinrichs
Karl-Heinz Jakobs
Bernd Jentzsch
Horst Krüger
Erich Loest
Frank-Wolff Matthies
Helga Novak-Karlsdottier
Sieghard und Edda Pohl
Utz Rachowski
Tatjana Rilsky
Ulrich Schacht
Einar Schleef
Joachim Seyppel
Gerald Zschorsch
Gerhard Zwerenz

Ausstellung in der Stadthalle
Roger Loewig

Veranstaltet vom **Kulturamt der Stadt Marburg**
in Zusammenarbeit mit der **Neuen Literarischen Gesellschaft**

KULTUR / ROMAN 24.09.2002 OP

Glücklich heimatlos oder glücklos in der Heimat?

Tschechiens früherer Botschafter Jiri Grusa las im Café Vetter

Marburg. Marburg ist keine Stadt wie jede andere für Jiri Grusa. Bereits 1987 war er hier zu Gast, damals noch als Dissident, und gab die erste öffentliche Lesung seiner deutschsprachigen Texte.

von Manuel Niemeyer

Am Sonntag kehrte er nun, abermals auf Einladung der Neuen Literarischen Gesellschaft, zurück an diese gewissermaßen historische Stätte, ins Café Vetter.

Anlass ist Grusas neues Buch „Glücklich Heimatlos" – eine Sammlung von Beiträgen zu dem Thema, das Grusa Zeit seines Lebens begleitete. „Die Einblicke und Rückblicke eines tschechischen Nachbarn", so lautet der Untertitel. Es geht demnach um das Verhältnis zum mächtigen Nachbarn Deutschland sowie, untrennbar damit verbunden, das tschechische Selbstbild.

Jiri Grusa ist jemand, der mit beiden Seiten – der deutschen und der tschechischen – vertraut ist: Viele Jahre verbrachte er nach seiner Ausbürgerung aus Tschechien im Jahr 1981 in Deutschland. Auch als Literat nahm er sich der Sprache der „Stummen" an, wie das Wort „Deutsch" im Tschechischen übersetzt wird.

Nach dem Zusammenbruch des Kommunismus und seiner Wiedereinbürgerung war er zunächst für sein Land als Botschafter in Bonn tätig. 1996 kehrte er zurück in seine Heimat. Durchaus freundlich empfangen, entschloss Grusa sich zu einem Gastspiel auf der politischen Bühne. Nach kurzer Tätigkeit als Kulturminister nahm er schließlich seine Botschaftertätigkeit wieder auf und ging nach Wien, wo er bis heute tätig ist.

Passend zum Wahlsonntag hatte Jiri Grusa einen Beitrag aus seinem Buch ausgewählt, der eben von seinen Erlebnissen als Wahlkämpfer in eigener und auch der deutschen Sache handelt. Mit ironischem Blick seziert der Autor die tschechischen Befindlichkeiten, denen er sich als Senatskandidat in der Grenzstadt Cheb/Eger ausgesetzt sah.

Jiri Grusa, tschechischer Autor und Botschafter in Wien, las am Sonntagmorgen im Cafe Vetter. *Foto: Manfred Schubert*

Die kritische Auseinandersetzung mit rustikal-völkischen Denkmodellen zieht sich durch viele der Werke Grusas. Nach wie vor sind derartige Positionen in Tschechien durch alle Gesellschaftsschichten hindurch vertreten. Ein zwischen den Kulturen Stehender wie Jiri Grusa muss sich da zum Teil heftiger Anfeindungen erwehren. Vor allem seine deutschsprachige Lyrik, wenngleich in einer langen Tradition stehend, wird ihm von mancher Seite vorgehalten.

Natürlich mache man auch in Tschechien Fortschritte, räumt Grusa ein. Noch vor fünf Jahren habe das Bild ganz anders ausgesehen. Die Aufarbeitung der eigenen Geschichte sei allerdings nicht abgeschlossen. Die Debatte um die Benes-Dekrete etwa, für die Tschechen von geradezu existenzieller Bedeutung, zeige einen weiterhin hohen Diskussionsbedarf.

Noch kommt die Identitätsfindung der Tschechen nicht ohne den Rekurs auf völkische Argumentationslinien aus, meint Grusa. Solange dies der Fall ist, wird wohl die Frage, ob er „glücklich heimatlos" ist oder „glücklos in der Heimat", ohne eindeutige Antwort bleiben für Jiri Grusa.

Fortsetzung von Seite 48

sprachigen Schriftstellern aus Rumänien stand die Neue Literarische Gesellschaft von Anfang an in Kontakt. Bereits Ende der Siebzigerjahre stellte Oskar Pastior seine Sprachexperimente im Café Vetter und in einem Literaturseminar an der Philipps-Universität vor. 1983 erhielt Pastior den sogenannten Förderpreis im Rahmen des Marburger Literaturpreises, 2006 in Darmstadt den Georg-Büchner-Preis. Herta Müller, die spätere Nobelpreisträgerin, kam nach Marburg, ebenso wie Werner Söllner, Richard Wagner, Joachim Wittstock, Franz Storch und Gerhard Csejka. Noch 2012 besuchte die Autorin und Journalistin Christel Ungar mit einem Fernsehteam aus Sibiu/Hermannstadt Marburg und machte im Café Vetter und im Literaturbüro der NLG Filmaufnahmen für das deutschsprachige Fernsehen in Rumänien. Welche Bedeutung den Deutschen und der deutschen Sprache in Rumänien zukommt, dürfte allgemein nicht bekannt sein. Innerhalb der deutschen Sprache begegnet man in Rumänien dabei einer eigenständigen Sprachentwicklung, frei von Amerikanismen und anderen Modeerscheinungen. Der Neuen Literarischen Gesellschaft fällt das Verdienst zu, diesen Autoren mit ihrer hohen Qualität des Sprechens und Schreibens eine Möglichkeit gegeben zu haben, zu Wort zu kommen.

Nicht unerwähnt bleiben sollten dabei die Verbindungen, die zwischen Sibiu/Hermannstadt und Marburg bestanden und nach wie vor bestehen. Beide Städte und auch die beiden Universitäten verbindet eine Partnerschaft, die sich in einem regen Austausch äußert. Der frühere Präsident der Philipps-Universität, Prof. Dr. Werner Schaal, war langjähriger Präsident der Lucian-Blaga-Universität in Sibiu/Hermannstadt; der frühere Direktor der Universitätsbibliothek, Dr. Dirk Barth, ist dort Ehrensenator und Dr. Heinrich Dingeldein Germanistikprofessor.

Camelia Markeli, Annemarie Grasnick

Dr. Heiner Rogausch

Dr. Justus Noll, Bassklarinette, Alexander Reiners, Saxofon, Antje Welz

Dr. Elke Therre-Staal

Dr. Justus Noll

Erna Weise

Kapitel 4

‚Russische Kulturwochen' und die Autoren aus der ehemaligen Sowjetunion

Ein weiterer Schwerpunkt der Arbeit der Neuen Literarischen Gesellschaft waren die Kontakte zu den Schriftstellern der Sowjetunion und ihrer Nachfolgestaaten. Noch zu Zeiten der Sowjetunion hatte Ludwig Legge Kontakte zum sowjetischen Schriftstellerverband aufgebaut. Mit der Perestroika und dem Ende der Sowjetunion nahm der Austausch eine neue Qualität an und erreichte seinen Höhepunkt mit den ‚Russischen Kulturwochen' im Jahr 1996.

Wie sich dieses Ereignis aus russischer Sicht darstellte, lässt sich an dem, was Ilja Medowoi in der Zeitschrift ‚Kultura' schrieb, einsichtig machen. Medowoi schrieb: „Ich erinnere mich, wie ich im Frühjahr

Bild v.l.n.r. : Wjatscheslaw Kuprijanow, Jury Rytchën, L. Legge, Roman Sef, Dr. Christa Czempiel, OB Dr. Hanno Drechsler, S. Koloff, Boris Kalinin, Dr. h. c. Barbara Karhoff
Delegation des Sowjetischen Schriftstellerverbandes im Rathaus

des letzten Jahres mit Ludwig Legge, dem Vorsitzenden der Marburger Literarischen Gesellschaft, bei einer Tasse Kaffee in einem Café am Marktplatz saß. Wir sprachen über Literatur, und plötzlich sagte Legge, bei ihm und seinen Kollegen sei die Idee aufgekommen, in Marburg in circa anderthalb Jahren, nun, sagen wir, im Oktober, ‚Russische Tage' zu veranstalten und zehn oder mehr unserer bekannten Literaten einzuladen [...] ‚Ich lade Sie ein', verkündete Ludwig Legge unerwartet. ‚Bis zum Oktober!'

Ilja Medowoi war darüber erfreut, dachte aber darüber nach, „ob wohl solche Pläne für ein Provinzstädtchen nicht etwas unangemessen sind. Jedoch überzeugte ich mich sehr bald davon, dass die Deutschen keine leeren Versprechungen machen. Nach ein paar Monaten erhielten namhafte Literaten Briefe aus Marburg. Die Literarische Gesellschaft stellte ihr Projekt Politikern vor. Die Idee wurde vom Marburger Oberbürgermeister Dietrich Möller und vom Kanzleramtsminister (Friedrich Bohl) unterstützt. Sowohl unser als auch der deutsche Kulturminister besiegelten die Sache mit Handschlag."

Das Marburger Komitee mit Ludwig Legge, Gangolf Reccius und Martin Trieschmann hatte nach einer Fahrt nach Moskau ein erlesenes Programm mit Schriftstellern, Musikern und bildenden Künstlern zusammengestellt und die örtliche wie die Landespolitik dabei einbezogen. Schirmherren waren der russische Kulturminister Professor Jevgenij Sidorow und die Hessische Ministerin für Wissenschaft und Kunst, Dr. Christine Hohmann-Dennhardt. Die Veranstaltungen, ihre Inhalte und die Presseresonanz wurden in einer 376 Seiten umfassenden, mit vielen Fotos versehenen Schrift publiziert.

Die russischen Autoren befanden sich generell in einer Aufbruchsstimmung. Vorausgegangen war Gorbatschows ‚Perestroika', die vielen Autoren erstmals ermöglichte, im eigenen Land zu publizieren. Das war bei Leonid und Raissa Kopelew zuvor noch anders gewesen. Ihre Bücher hatten in der Sowjetunion nicht erscheinen dürfen. Jetzt war dies anders. Der Lyriker Bulat Okuschawa beispielsweise, ein Vertreter der ‚Perestroika', der in Marburg mit seinen konzertanten Lesungen auftrat, war in Russland ein Volksheld.

Unterzeichneten den Austausch-Vertrag in Marburg: Winfried Wöhle, Friedrich Paff, Barbara Karhoff, Sergej Jesin und Ludwig Legge. (Foto: Maike Wessolowski)

Kultureller Austauschvertrag unterzeichnet

Marburg meets Moskau

Marburg (wes). Der kulturelle und besonders der literarische Austausch zwischen Moskau und Marburg ist jetzt in einem offiziellen Vertrag festgehalten worden. Barbara Karhoff, Ludwig Legge, Dr. Winfried Wöhle und Friedrich Paff, alle Mitglieder der Neuen Literarischen Gesellschaft Marburg, unterzeichneten den Vertrag am Freitagabend gemeinsam mit ihrem Gast aus Moskau: Professor Sergej Jesin, Rektor des Maxim Gorki Literatur-Institut.

Warum gerade Marburg? „Ich bin schon lange Jahre Ehrendoktor dieser berühmten Moskauer Hochschule und habe den Kontakt seit den 70er Jahren aufgebaut und gefestigt", erklärte Barbara Karhoff. „Zwei berühmte russische Dichter, Michail Lomonossow und Boris Pasternak, haben in Marburg studiert. Marburg hat ihr Leben maßgeblich beeinflusst, der eine hat von der Musik zur Poesie gewechselt, der andere hat geheiratet", fügte der Gast aus Moskau schmunzelnd hinzu. Zu Gast war Sergej Jesin auch bei Oberbürgermeister Dietrich Möller und Kulturdezernent Egon Vaupel. Man habe sich über die mystische Verbindung zwischen den beiden Städten unterhalten, berichtete Jesin. Vaupel habe, so der Russe, auch gleich finanzielle Unterstützung für das Austauschprojekt zugesichert.

Während des Abends wurden noch Feinheiten des Vertrages diskutiert, denn immer wieder ergeben sich einfach durch die sprachlichen Unterschiede Fragen. Das Rahmenkonzept steht jedoch: „Pro Jahr sollen drei bis fünf junge und auch berühmte Autoren jeweils für eine Woche in die Partnerstadt reisen. Die Gäste sollen die jeweilige Stadt kennen lernen, und vor allem an öffentlichen Veranstaltungen (in Marburg zum Beispiel Lesungen im Café Vetter) teilnehmen", sagte Ludwig Legge, Vorsitzender der Neuen Literarischen Gesellschaft. Weiterhin sollen Werke in die jeweils andere Sprache übersetzt werden und gemeinsame, deutsch-russische Publikationen herausgebracht werden, so Legge.

MNZ, 6.11.2000

KULTUR / ROMAN OP

„Boris Pasternaks ‚Marburg' kennt jeder gebildete Russe"

Neue Literarische Gesellschaft und Gorki-Institut vereinbaren Zusammenarbeit

Von Jewgenij Jewtuschenkow wurde gesagt, er könnte bei seinen Auftritten in Russland ein Stadion füllen.

Für die Delegation im Herbst 1996 kam hinzu, dass der Name Marburg in Russland „eine herausragende, fast mystische Bedeutung hat", so Professor Sergej Jesin, der Rektor des Maxim-Gorki-Instituts in Moskau. Das Gedicht ‚Marburg' von Boris Pasternak kenne jeder gebildete Russe, meinte der Literaturwissenschaftler. Man wisse um die Verbindungen von Lomonossow und Pasternak zu Marburg. Michael Lomonossow hatte im 18. Jahrhundert bei dem Philosophen Christian Wolff studiert, heiratete ein Marburger Mädchen und war der Gründer der Moskauer Universität. Boris Pasternak wurde 1912 in Marburg immatrikuliert, studierte bei Hermann Cohen und Paul Natorp. Anstatt eine philosophische Karriere bei Cohen anzutreten, kehrte Pasternak in seine Heimat zurück – der Liebe wegen – und wurde Russlands bedeutendster Dichter im 20. Jahrhundert. Als man dem Verfasser des ‚Doktor Schiwago' 1968 den Nobelpreis verlieh, gestattete die Sowjet-Regierung ihm nicht, nach Stockholm zu fahren und den Nobelpreis in Empfang zu nehmen.

Der bereits erwähnte Ilja Medowoi schrieb in seinem Beitrag in ‚Kultura', welche Bedeutung dem Haus in der Gisselberger-Straße damals zukam, in welchem Pasternak während seiner Studienzeit gewohnt hatte. Jewtuschenko habe „das Haus umarmen" wollen. Andrej Wosnesenski schrieb einen Text über den Blick aus dem Fenster des Pasternak-Zimmers. Bulat Okuschawa ließ darüber ein Gedicht beginnen mit den Worten: „Ach Marburg, im Sommer wie im Winter! Rein sind Bild und Gestalt. Aber augenscheinlich können wir in Marburg ohne Barbara nicht sein." (Anmerkung: Der Rhythmus des Originals konnte leider nicht ins Deutsche übertragen werden.)

Barbara Karhoff, Studienrätin im Hochschuldienst und Lektorin für Russisch am Seminar für Slawistik, die die Delegation begleitete und die Texte der Russen ins Deutsche übersetzte, hatte sich schon 1982 dafür eingesetzt, an den Häusern von Pasternak und Lomonossow Gedenktafeln anbringen zu lassen. Raissa Kopelew hatte bei ihrem Besuch, noch zu Sowjetzeiten, davor gestanden und gesagt: „Gut, dass es in Marburg eine Gedenktafel für Pasternak gibt. Es ist die einzige in der Welt." Barbara Karhoff bekam vom Maxim-Gorki-Institut die Ehrendoktorwürde verliehen „für hervorragende Verdienste um die russische Kultur, insbesondere für die öffentliche Aktualisierung der Werke und der Bedeutung der russischen Dichter Michael Lomonossow und Boris Pasternak."

Die Auftritte der Russen im Café Vetter, im Rathaus, im Hörsaalgebäude der Universität und in den Marburger Schulen waren ein voller Erfolg. Bei ihren Lesungen begannen die russischen Autoren gewöhnlich mit einem Einstieg in ihrer Muttersprache, danach folgte die Lesung in Deutsch, meist vorgetragen von Friedrich G. Paff. Bei der Diskussion waren Barbara Karhoff und Wilhelm Lückel die Dolmetscher. Für das Publikum war vieles bemerkenswert, beispielsweise dies, dass mit Anatolij Kim, der aus seinem Roman ‚Der Lotos' las, ihm ein Asiate begegnete. Eine Lyriklesung mit Gitarre, wie bei Bulat Okuschawa, war ebenfalls etwas Ungewöhnliches. Am eindrucksvollsten aber waren die Präsentationen von Jewgenij Jewtuschenko. Nach dem Vortrag der deutschen Fassung durch Friedrich G. Paff meldete sich Jewtuschenko selbst zu Wort. Florian Schwebel schrieb dazu in der Oberhessischen Presse: „Er schrie und schmeichelte, lachte und sang seine Lyrik, lief durchs Publikum, tänzelte, küsste dem leicht verwirrten Friedrich G. Paff den Dichterschädel und eine Zuschauerin auf den Mund, schüttelte Hände, drohte und jauchzte und zog mit jeder Geste und jeder Nuance das Publikum in seinen Bann."

Nach dem Ende der ‚Russischen Kulturwochen' blieb der Kontakt zu den Russisch sprechenden Autoren weiterhin vorhanden. Wjatscheslaw Kuprijanow war oft in Marburg zu Gast. Ähnlich wie die bisherige Sowjetunion sich unter Vorherrschaft der GUS in mehrere Staaten

weiterlesen auf Seite 62

Der Zeitzeuge Florian Schwebel berichtet:

Die Russen im Café Vetter

Die Russen im Café Vetter waren ein beinahe regelmäßig aufschlagender Wanderzirkus in wechselnder Besetzung, eine hochgradig disparate Truppe alter und junger Stimmen. Als in der Heimat umstrittene und schillernde Persönlichkeiten pflegten sie wie selbstverständlich das Selbstverständnis kleinerer Popstars und rieben sich aneinander wie die Mitglieder eines zerstrittenen Superheldenteams. Aitmatow war ein distanzierter Großmeister mit hochmelodischer Lesestimme. Jewtuschenko ein staatstragender Ekstatiker mit der halben Geschichte seines Landes im Gesicht, vor dessen Charme und Polemik niemand im Publikum sicher war. Chasanov, in Deutschland kaum bekannt, in Russland dagegen in mehrfacher Hinsicht wohl konkurrenzlos einflussreich, war mit seinen Texten und als Person der klassische Romanautor aus einem guten Bilderbuch. Von den zerfurchten Feueraugen bis zur Zigarettenspitze, vom Au-

Ich saß also auf glühenden Kohlen im Café Vetter, mit nervösem Herzschlag und brennenden Schläfen.

gurenhumor bis hin zur Behandlung von Nebenfiguren – so musste ein Schriftsteller aussehen, klingen, sich am Papier festkrallen. Die Lesungen der russischen Literaturwochen waren voller Geheimtipps und Entdeckungen sowie voller breit antizipierter Nicht-Ereignisse und Enttäuschungen. Die größte Überraschung für mich als Zuhörer war Anatolij Kim. Und für mich als Rezensenten der Lokalzeitung war er ein Alptraum. Kims Text hieß „Der Lotus" und beschrieb in gebrochenen, flackernden Nuancen eine leise, spirituelle Erweckung. Grob gesagt: Aus Rezensentensicht passierte in dem Ding einfach nichts, was in zwei schmissigen Sätzen vermittelt werden konnte. Dazu spielte der weißmähnige, koreanisch-kasachstanische Poet in seiner Erzählung wie auch in der Unterhaltung subtil auf Verästelungen der sowjetischen Geschichte und ethnische Fragestellungen an, von denen in Marburg noch nie jemand gehört hatte. Wikipedia gab es noch nicht, und auch meine Besprechung musste ich noch mit dem Rad in die Redaktion bringen – und das so bald wie möglich. Das Publikumsverhalten, letzte Hilfsgröße und gleichzeitig Herzschlag jedes Lesungsberichts, war ambivalent, an manchen Frühstückstischen sogar von unverschämtem Desinteresse. Ich saß also auf glühenden Kohlen im Café Vetter, mit nervösem Herzschlag und brennenden Schläfen. Und zwangsläufig strich ich schließlich verschwitzt die Segel und hörte nur noch der Erzählung zu, als hätte mich das Hadern mit einem Zen-Koan in eine plötzliche Epiphanie gekickt. Es ging mir also beinahe wie dem seiner Umwelt entfremdeten Protagonisten in „Der Lotus", der ganz und gar in den sich unumgrenzbar ausweitenden Moment stürzt. Und furchtbarerweise war dieser Text pures Gold, erlesenste Prosalyrik mit seziertem Stallgeruch, fein gesetzten dramaturgischen Bögen, erbarmungslos liebevoller Charakterzeichnung. Jedes Wort leuchtete und schmeckte nach etwas, sowohl in der mir völlig unverständlichen, einschmeichelnden Originalsprache, als auch in der Übersetzung. Das Geplapper, Geklapper, Husten und Stühlerücken in den Ecken verstärkte nur den kristallklaren Sog dieses Textes. „Der Lotus" war ein funkelnder Regentropfen, der Ross und Reiter nannte, die ich nur leider nicht kannte. Ich weiß gar nicht mehr, was ich schließlich für die Zeitung schrieb. Den abgegriffenen „Lotus" verleihe ich immer noch, immer wieder, trotz Signatur auf dem Vorblatt.

Fortsetzung von Seite 59

aufgelöst hatte, kamen die Autoren, obgleich sie Russisch sprachen, jetzt aus unterschiedlichen Staaten.

Mit den Litauern wurde in bewährter Weise ein ‚Litauischer Literaturtag' durchgeführt. Auch später noch wurde am Kontakt nach Litauen festgehalten. Ludwig Legge besuchte mit einer Marburger Delegation Vilnius, bei welcher auch die Marburger Autoren Friedrich G. Paff und Lothar Balzer vor dem litauischen Publikum auftraten. Oftmals kamen auch Autoren aus der Ukraine; einmal brachten sie sogar ihren Botschafter mit. Das tat auch die Delegation aus Kirgisien, deren Botschafter den wohlklingenden Namen Dr. Dr. Apas Dschumagulow hatte.

Als der weltberühmte Dschingis Aitmatow zum zweiten Mal nach Marburg kam, kam er als Dichter und Botschafter von Kirgisien. Das erste Mal las Aitmatow in der Aula der Universität. Sein Buch ‚Dschamila', nach Louis Aragon „die schönste Liebesgeschichte der Welt", hatte einst Gisela Drohla übersetzt. Die inzwischen verstorbene Dr. Gisela Drohla war in den Siebzigerjahren wissenschaftliche Assistentin bei dem Philosophieprofessor Hans Heinz Holz. Wenn sie damals gesprächsweise den Autor Aitmatow erwähnte, kannte den keiner. Später, als Aitmatow berühmt wurde und Gisela Drohla nicht mehr lebte, erinnerte man sich daran, dass eine Person, mit der man im universitären Alltag vertraut war, die erste Übersetzerin von Aitmatow gewesen war. Das zweite Mal las Aitmatow im Café Vetter. Es konnte dem Besucherandrang kaum Stand halten. Friedrich Hitzer, der jetzige Übersetzer, lieh dem Autor seine deutsche Stimme. 2007 wollte Aitmatow noch einmal nach Marburg kommen. Das war aber nicht möglich, weil Aitmatow auf der Reise schwer erkrankte und bald darauf starb.

weiterlesen auf Seite 65

Hinterländer Anzeiger, 8.02.89

Kulturleben

Applaus für »Hühner über der Stadt« von Wjatscheslaw Kuprijanow

Der Autor aus Moskau las bei der Neuen Literarischen Gesellschaft in Marburg

Marburg. »Wjatscheslaw Kuprijanow ist im guten Sinne ein Vermittler«, sagte der Vorsitzende der Neuen Literarischen Gesellschaft Marburg, Ludwig Legge, als er am Sonntag im Cafe Vetter den Autor aus Moskau vorstellte. Kuprijanow ist 1939 in Nowosibirsk zur Welt gekommen, war erst Bauarbeiter und studierte später neben Mathematik deutsche Sprache und Literatur.

Lyrik und Kurzprosa stellte Wjatscheslaw Kuprijanow im Cafe Vetter vor. (Foto: ka)

Der Übersetzer von Werken Brechts, Hölderlins und anderer begann seine Lesung mit Lyrik. Zunächst russisch, dann deutsch bot er die Verse dar. Es sind Gedankenblitze, sorgfältig ausgearbeitet und auch in der deutschen Übersetzung ins Schwarze treffend. Nicht zweckfreie Schönheit, sondern scharfe Analyse menschlicher Umstände und Zustände ist Inhalt seiner Lyrik.

»Bericht über einen Engel« hieß eines der Gedichte. Es schilderte die Schwierigkeiten positivistischer Wissenschaftler mit einem Engel, den man per Zufall verhaftet hatte. Man mißt den Engel aus und bescheinigt ihm, daß er gemäß physikalischer Gesetze überhaupt nicht fliegen kann: »Folglich erscheint der Aufenthalt des Engels im Kosmos problematisch.« Doch nicht allein das macht die Wissenschaft ihm zum Vorwurf. Auch für propagandistische Zwecke ist er wegen seiner rätselhaften Sprechweise nicht einsetzbar. Also entläßt man den Engel wieder.

Mit Behagen folgten die Zuhörer im Cafe Vetter, die trotz der Eisglätte auf Marburgs Straßen zur Lesung um Elf gekommen waren, den Worten des russischen Autors. Eine ganze Reihe von Gedichten, jedes nachdenkens- und hörenswert, passierte Revue bis Kuprijanow besorgt meinte, nun habe man wohl genug Lyrik gehabt, und die Kurzgeschichte »Hühner über der Stadt« vortrug.

Darin geht es um eine Stadt, in der ein genialer Genetiker sich entfaltet hat. Nach zahlreichen Mißerfolgen mit speziellen Züchtungen wie Fettschwanzhasen und riesigen Spechten, widmete sich dieser den Hühnern. Ihnen zuerst wollte er das Fliegen ermöglichen.

Gesagt, getan. Die Hühner konnten fliegen und sollten so auch ein volkswirtschaftliches Problem lösen. Beim Transport von Eiern, so die Idee, gingen allzuviele entzwei. Daher sei es umso besser, wenn Schwärme von Hühnern übers Land zögen und die Eier gleich an Ort und Stelle frisch legten.

Das Publikum hatte an dieser Geschichte große Freude und forderte gleich eine weitere. Die bekam es auch. »Der Spaten. Eine fast phantastische Geschichte« war der Titel dieses zwischen den Zeilen gesellschaftskritischen Stücks, zu dem die Literaturgemeinde kräftigen Beifall spendete.

Eine Auswahl von Werken Kuprijanows soll übrigens nach Ankündigung von Ludwig Legge in absehbarer Zeit in Marburg erscheinen. **Klaus Andrießen**

Am Sonntag im Café Vetter HA 2. Febr. 89

Moskauer Autor liest in der Universitätsstadt

Wjatscheslaw Kuprijanow stammt aus Nowosibirsk

Marburg (ka). Die Neue Literarische Gesellschaft Marburg lädt am Sonntag (5. Februar) wieder zur »Literatur um elf« ins Café Vetter ein. Zu Gast ist diesmal der sowjetrussische Autor Wjatscheslaw Kuprijanow aus Moskau.

Er kam 1939 in Nowosibirsk zur Welt, war zunächst Bauarbeiter, konnte dann aber Mathematik, deutsche Sprache und deutsche Literatur studieren. Heute lebt er als Lyriker, Literaturwissenschaftler und Übersetzer in Moskau und ist Mitglied des sowjetischen Schriftstellerverbandes. Er hat zahlreiche Werke, unter anderem von Hölderlin, Rilke und Brecht, ins Russische übersetzt und an mehreren Anthologien bundesdeutscher und österreichischer Gegenwartsdichtung mitgewirkt.

Bei uns sind bisher von ihm erschienen: »Ein nüchternes Echo«, »Denkmal für einen unbekannten Feigling«, »Das Wagnis des Vertrauens« und Gedichte aus Moskau.

KULTUR / ROMAN **OP** 12. XI. 01

Ein Geschichtenerzähler erzählt über sich selbst

Tschingis Aitmatow liest im Café Vetter vor 200 begeisterten Zuhörern

Marburg. Zwischen Märchen und den Schrecken des Krieges bewegen sich die Romane des kirgisischen Schriftstellers Tschinigis Aitmatow.

von Felix Reek

„Meine Großmutter war mein Fernseher", erzählt Aitmatow bei seiner Lesung im Café Vetter, und ein kleines Lächeln überzieht die tiefen Furchen seines sonst regungslosen Gesichts.

Von ihr hat er die Liebe zu den Mythen seines Volkes übernommen und sie ist auch heute noch der größte Einfluss auf sein schriftstellerisches Werk. Ständig habe er sie als Kind genötigt, ihm neue Geschichten zu erzählen. Bis sie sich kleine Tricks überlegen musste, um für einige Stunden ein wenig Ruhe zu haben.

Im Traum würden ihr neue Märchen einfallen, log sie – genutzt hat das wenig, denn nach zehn Minuten hing der kleine Tschingis wieder an ihrem Rockzipfel.

Seitdem ist viel Zeit vergangen. Aitmatow ist mittlerweile ein Schriftsteller von internationalem Ruhm, und das drückt sich auch in den Besucherzahlen seiner Lesungen aus. Mehr als 200 Besucher drängen sich bei der Veranstaltung der Neuen Literarischen Gesellschaft ins Café Vetter, sitzen auf den Stufen, kauern vor der Bühne, stehen im Eingangsbereich oder harren in der Kälte vor der Tür aus.

Aitmatow liest wenig am Sonntagmorgen, vielmehr erzählt er aus seinem Leben, spricht über die politische Lage in seinem Land, das in unmittelbarer Nähe zu Afghanistan liegt, und die Bedeutung Zentralasiens für die globale Entwicklung.

„Jeder Mensch will als Mensch betrachtet werden", erklärt der Autor und fügt hinzu: „Nur so lässt sich Widerstand gegen den religiösen Fanatismus leisten. Die Kulturen müssen sich gegenseitig bereichern."

Tschingis Aitmatow (links) liest im Café Vetter mit seinem Übersetzer Friedrich Hitzer. *Foto: Felix Reek*

Seit Jahren ist Aitmatow als Diplomat tätig, im Moment als Botschafter Kirgisiens in Brüssel, ebenso ist er Mitglied der Akademie der Wissenschaften und engagiert sich sozial in seinem Land.

Dass er eigentlich in Marburg ist, um aus seinem neuen Buch „Kindheit in Kirgisien" zu lesen, gerät angesichts der gespannten Lage in nahen Osten fast in Vergessenheit. 70 Minuten vergehen, bis er seinem Freund und Übersetzer Friedrich Hitzer ein Zeichen gibt, dass er doch jetzt etwas aus seiner neuen Erzählung vortragen könnte.

Doch immer wieder unterbricht Aitmatow seinen Partner, so als verstehe er ganz genau jedes Wort der deutschen Übersetzung seines Werks. Er gerät regelrecht in Wallung. Die sonst so hart klingende russische Sprache klingt auf einmal weich und vertraut, und fast ist es so, als spürten die Zuhörer auch ohne die Übersetzung, wovon Aitmatow spricht. Von seinem neuen Buch haben die Zuhörer im Café Vetter sicher wenig erfahren, dafür ist der Mensch Aitmatow, der sich in seinen Romanen sonst hinter mythischen Tierfiguren versteckt, greifbarer geworden.

Fortsetzung von Seite 62

Es mag verwunderlich erscheinen, dass die Marburger Universität 2005 entschieden hat, sich von der Slawistik und damit von der Beschäftigung mit Russland und Osteuropa zu trennen. Die Slawistik wurde nach Gießen verlegt, wo es keinerlei Anknüpfungspunkte gab. Angesichts der Verankerung dieser Tradition mit der Philipps-Universität und der kulturellen literarischen Vernetzung von Marburg mit Moskau und Osteuropa ist diese Entscheidung nicht nachvollziehbar. – Kein Ruhmesblatt für den damaligen Universitätspräsidenten und die hessische Kultusbürokratie.

Kapitel 5

Autoren aus Österreich, der Schweiz, Italien und anderen Ländern

Mit Schriftstellern, die Politiker wurden – Botschafter, Kulturminister oder gar Staatspräsident – konnte Österreich nicht konkurrieren. Aber immerhin gab es dort einen Lyriker, der Bürgermeister wurde, Hugo Schanovsky, den Bürgermeister von Linz. Zwischen ihm und dem Vorsitzenden der Neuen Literarischen Gesellschaft entwickelte sich eine Freundschaft, die u. a. dazu führte, dass Schanovsky öfter nach Marburg kam und Legge öfter nach Linz fuhr. In Linz bekam Ludwig Legge die silberne Kulturmedaille der Stadt und zusammen

Bild oben: Verleihung der silbernen Medaille der o. ö. Landeshauptstadt Linz durch Vizebürgermeister Schauberger mit Günther Jahn die goldene Verdienstmedaille des Landes Oberösterreich überreicht. Hugo Schanovsky wurde bei der Neuen Literarischen Gesellschaft Ehrenmitglied.

Autoren aus Österreich waren über hundertfünfzig mal in Marburg. Sie sind damit unter den Nicht-Deutschen die stärkste Gruppe. Im Kaffeehaus zu lesen, scheint für einen Österreicher das Selbstverständlichste der Welt zu sein. Matthias Mander beispielsweise begann seine Lesungen mit einem Dank an den Vorsitzenden, dem Lob der Stadt, dem Charme des Café Vetter und mit Komplimenten an das (vor allem) weibliche Publikum. – Die österreichische Literatur zeigte ein kritisches, gleichwohl immer ein skurriles Gesicht, so etwa bei dem Satiriker Erich Sedlak. ‚Kein Bett wie jedes andere. Möbel, die Geschichte machten' wählte Dietmar Grieser als Titel für ein Buch, in dem es um Sigmund Freuds Psycho-Couch, Otto Wagners gläserne Badewanne, Schreibtische, Orgeln und Lotterbetten geht.

‚Der gemütliche Selbstmörder' war der Titel der Publikation, die Ludwig Legge und Wilhelm Solms 1986 nach dem ‚Österreichischen Autorentreffen' in Marburg herausgaben. Unter den 22 Autoren waren H. C. Artmann, Friederike Mayröcker, Barbara Frischmuth, Jutta Schutting, Anton Fuchs und Franz Weinzettl.

Janko Ferk traf das Thema mit seiner ‚Entschuldigung für Eigentöter'. Peter Kersche vervollständigte dies mit einer Aufzählung von 68 Selbstmördern. Sein Beitrag schließt mit dem Satz: „Auch in Zukunft werden sich bedeutende Persönlichkeiten umbringen, so wird die Zahl der Selbstmörder von Jahr zu Jahr wachsen und eine lachende Umwelt zurücklassen." Zum Gesamtkomplex der österreichischen Literatur schrieb Wilhelm Solms einen erhellenden Beitrag: ‚Schwarze Geschichten aus Österreich. Ein Gegenmodell zur Literatur der 60er Jahre.'

Natürlich gab es angesichts der vielen Autoren, die aus Wien, Linz, Salzburg und Klagenfurt nach Marburg kamen, noch andere Genres und Ausdrucksformen. Gertrud Fussenegger, die große alte Dame der österreichischen Literatur, war am häufigsten zu Gast. Auch sie wurde Ehrenmitglied der Neuen Literarischen Gesellschaft. Anlässlich ihres

weiterlesen auf Seite 70

+++ Der Telegraf +++ Österreichische +++ Literatur in Marburg +++

Die Reihe der internationalen Literatur- und Kulturtage in Marburg begann 1985 mit Österreich. Damals lasen über 20 Autoren in Marburg. Ein wissenschaftliches Symposion konnte in Zusammenarbeit mit der Germanistik der Philipps-Universität durchgeführt werden (veröffentlicht unter dem Titel „Der gemütliche Selbstmörder", 1986 zusammen mit Professor Wilhelm Solms).

Es ist selbstverständlich, daß das Hauptaugenmerk den Wiener Autoren gelten mußte. Von H. C. Artmann bis Friederike Mayröcker, von Peter Rosei bis Barbara Frischmuth, von Dietmar Grieser bis Köhlmeier bis Jutta Schutting, von Matthias Mander bis Peter Henisch (gerade zum 70. Geburtstag erneut vorgestellt) läßt sich die Liste um zahlreiche Kontakte verlängern.

Unter der mehr als 40jährigen Präsidentschaft von Ludwig Legge hat die Neue literarische Gesellschaft die Universitätsstadt Marburg zu einer wichtigen Adresse für österreichische Literatur werden lassen.

Er hat in mehr als 200 persönlichen Begegnungen mit österreichischen Autoren, Politikern und Kulturfunktionären die Grundlage zu diesem regen Austausch gelegt.

In Gesprächen mit 3 Landeshauptmännern (Wagner, Dr. Ratzenböck, Dr. Pühringer) sowie besonders mit dem Linzer Bürgermeister Professor Hugo Schanovsky konnten wichtige kulturpolitische Impulse gegeben werden.

Einen besonderen Schwerpunkt bildete die Literatur der Minderheiten wie der Kärntner Slowenen oder Burgenländer Kroaten.

Ein enges freundschaftliches Verhältnis verband ihn mit Anton Fuchs, der auf seine Initiative in Marburg publizierte, ins Französische übersetzt wurde und in Paris las.

Bei den Kontakten mit den Kärntner Slowenen waren Peter Kersche (Übersetzer) und Janko Ferk sehr hilfreich (Janko Ferk/Ludwig Legge „Der Flügelschlag meiner Gedanken. Literatur der Kärntner Slowenen. Klagenfurt 1992).

Unter den von Ludwig Legge initiierten Publikationen müssen Bücher von Hugo Schanovsky und Franz Josef Heinrich (mit Unterstützung der oö. Landesregierung) hervorgehoben werden, die selbstverständlich ihre Bücher mehrmals in Marburg und dem benachbarten Biedenkopf vorgestellt haben.

Nicht nur als (rein ehrenamtlicher) Literaturvermittler, sondern auch als Autor hat sich Ludwig Legge in Österreich vorgestellt (Lesungen in Klagenfurt, Wien, Linz, Wiener Neustadt).

Für seine umfangreiche, kaum übersehbare, vielseitige Tätigkeit (nicht abreißenden persönliche Kontakte) wurde er mit der goldenen Verdienstmedaille des Landes Oberösterreich und silbernen Kulturmedaille der Stadt Linz ausgezeichnet.

Fortsetzung von Seite 67

Besuchs 1998 konnte man in der Zeitung lesen: „Der vitalen Achtzigjährigen, die alle Texte stehend las, merkte man die Leidenschaft für das Erzählen an."

Auch mit der Schweiz gab es ein Schweizer Autorentreffen mit prominenten Autoren. Die anschließende Veröffentlichung wurde wieder von Ludwig Legge und Wilhelm Solms herausgegeben. Den Titel „Berichte aus einem ereignislosen Land" hatten sich die Schweizer selbst gegeben, hatten sie doch im 20. Jahrhundert so manches versäumt, beispielsweise die beiden Weltkriege. Die sympathische Selbstironie, mit der die Schweizer ihrem eigenen Land und ihrer eigenen literarischen Produktion begegneten, durfte jedoch den Blick nicht davor verbergen, dass man es hier mit literarischen Spitzenleistungen zu tun hatte.

Schmerzlich war, dass nach dem ‚Schweizer Autorentreffen' sich die Wege von Ludwig Legge und Wilhelm Solms trennten. Der Germanistikprofessor Wilhelm Solms gründete das Marburger Literaturforum, das anspruchsvolle Lesungen und Symposien im akademischen Rahmen anbot. Über ein Jahrzehnt hatte Marburg zwei Literaturvereine, von denen die Neue Literarische Gesellschaft das Publikum auf Dauer auf ihrer Seite hatte.

Eine Besonderheit bei den Schweizern ist, dass sie aus verschiedenen Sprachkreisen kommen, mit den Sprachen: Deutsch, Französisch, Italienisch, Rätoromanisch. So konnte man im Café Vetter tatsächlich Gedichte in rätoromanischer Sprache hören. Natürlich war der Anteil der Deutsch sprechenden Schweizer der größte. Hervorzuheben wären etwa Hermann Burger, Hermann Loetscher, Reto Hänny, Silvio Blatter, Peter Bichsel. Kam bei den Österreichern die Kaffeehausatmosphäre der eigenen Mentalität entgegen, so war dies für die Schweizer offenbar eine neuartige Erfahrung. Peter Bichsel sagte: „So einen Ort wie das Café Vetter habe ich noch nie gesehen!"

Aufgrund der Publikumsresonanz der ‚Russischen Kulturwochen' kam es zwei Jahre später zu den ‚Italienischen Kulturtagen'. Dabei handelte es sich um eine Zusammenarbeit mit der Professorin Anne Neuschäfer, einem Mitglied des Wissenschaftlichen Beirats der Neuen Literarischen Gesellschaft. Das Komitee bestand aus Anne Neuschä-

OBERHESSISCHE PRESSE
Donnerstag, 1. Oktober 1992

„Verständnis für historische Epoche“

Ehrung für Autorin Gertrud Fussenegger in Elnhausen

Marburg. Die „Neue Literarische Gesellschaft“ macht die österreichische Autorin Gertrud Fussenegger zu ihrem Ehrenmitglied.

Zu einer literarisch-musikalischen Soirée lädt die Neue Literarische Gesellschaft am Sonnabend, dem 3. Oktober, 20 Uhr, nach Schloß Elnhausen ein.

Die am 8. Mai achtzig Jahre gewordene große, alte Dame der österreichischen Literatur, Dr. Gertrud Fussenegger wird dann Ehrenmitglied der Neuen Literarischen Gesellschaft, die seit 1987 enge Verbindungen zu Oberösterreich unterhält.

Gertrud Fussenegger lebt heute in Leonding bei Linz. Ihr Lebenswerk umfaßt mehr als 50 Buchveröffentlichungen aller literarischen Gattungen, die in derzeit 11 Sprachen übersetzt worden sind. Sie selbst schätzt dieses Werk, dessen beste Stücke längst zum Kanon der zeitgenössischen Literatur gehören, eher bescheiden ein: „einen Finger breit über der Mitte.“

Gertrud Fussenegger, 1912 in Pilsen geboren, verbrachte Kindheit und Jugend in Galizien, Böhmen, Vorarlberg und Tirol. Sie studierte ins Innsbruck und München Geschichte, Kunstgeschichte und Germanistik.

1936 erschien ihr erster Roman, dem 6 weitere folgten. Von herausragender Bedeutung sind „Zeit des Raben – Zeit der Taube“, „Das Haus der dunklen Krüge“ oder „Die Pulvermühle“.

Erzählungen („Der Goldschatz aus Böhmen“, 1989), Essays („Echolot“. 1982), Lyrisches und Dramatisches, eine Biographie Maria Theresias, ein Buch über die Donau sowie „Herrscherinnen“ (1991), Frauen, die Geschichte machten, sind Bestandteile ihres Werkes.

Gertrud Fussenegger wird Ehrenmitglied der „Neuen Literarischen Gesellschaft“ *Archiv-Foto: dpa*

Die Autorin erhielt zahlreiche hohe österreichische und deutsche Preise und Auszeichnungen.

Ihre Werke, so schrieb einmal eine Nachrichtenagentur, zeichnen sich durch „einfühlsames Verständnis für historische Epochen“ aus. Immer wieder nahm Fussenegger zu literarischen Problemen und Zeitfragen Stellung, wobei sie die Konflikte und Widersprüche jeder Epoche zur Kenntnis nimmt, ohne sich von ihrem Grundoptimismus abbringen zu lassen.

Im Mittelpunkt des Abends steht die Lesung aus ihrem Lebensbericht „Ein Spiegelbild mit Feuersäule“. Für die Umrahmung sorgen Professor Fritz Büchner (Cembalo) und Philipp Richter (Violine) mit Johann Sebastian Bachs A-Dur-Sonate.

Der Vorstand der Neuen Literarischen Gesellschaft freut sich über die Ehrenmitgliedschaft für Gertrud Fussenegger: „Die NLG ehrt sich selbst, wenn sie nach Zustimmung der Autorin an diesem Abend im beinahe familiär-festlichen Rahmen die Ehrenmitgliedschaft verleiht“

fer, Ludwig Legge und Martin Trieschmann. Ebenso wie bei den ‚Russischen Kulturwochen' gab es eine Publikation unter dem poetischen Titel: ‚perché non tutto vada perduto – damit nicht alles verlorengeht. Italienische Kulturtage 1998 in Marburg'. Im ‚Geleitwort' hieß es: „Die Kulturtage vereinen repräsentative Beispiele aus den Bereichen Literatur, Musik, Bildende Kunst und Italianistik. Roberto Pazzi, Luigi Malerba und Isabella Bossi Fedrigotti setzen die literarischen Akzente." Das Programm umfasste auch Fachvorträge von Wissenschaftlern, den Auftritt eines Chors aus Piemont und zwei Kunstausstellungen (‚Ludwig Emil Grimm in Italien' und ‚Ein Geograph sieht Italien'). Gemeint war der in Marburg lehrende Geograph Walter W. Jungmann. – Es war das erste Mal, dass die Neue Literarische Gesellschaft eine so enge Verbindung zur Literaturwissenschaft aufgenommen hatte. Einige der Vorträge wurden gleich auf Italienisch gehalten.

Als Italien Gastland bei der Buchmesse war, kamen im November des gleichen Jahres junge italienische Autoren nach Marburg. Welchen Stellenwert man auch diesem Ereignis zumaß, ließ sich daran erkennen, dass sogar der Generalkonsul von Italien die jungen Literaten begleitete. – Der Marburger zweisprachigen Lyrikerin Charlotte Hochgründler-Hoffmann hatte man zuvor den Orden ‚Cavaliere dell´Ordine al merito della Republica Italiana' verliehen.

Bei der Frankfurter Buchmesse wird jedes Jahr ein Land zum Gastland erkoren, wozu es die Gelegenheit erhielt, das eigene schriftstellerische Schaffen gesondert vorzustellen. Seitens der Neuen Literarischen Gesellschaft wurde es zum Brauch, ein oder zwei Autoren des Gastlandes ins Café Vetter einzuladen. An einem Sonntag im Spätherbst empfing man dann in Marburg Autoren aus China, der Türkei, Argentinien, Katalonien, Korea, je nachdem, welches Land gerade Gastland war.

Ist von fremden Ländern die Rede, mag man ergänzen, dass mit Louis-Philipp Dalembert ein Autor aus Haiti kam, ein anderer aus Kuba, einer aus Papua Neuguinea und die Schwägerin des Dalai Lama aus Tibet. Aus der arabischen Welt dürfte Yasmina Khadra der bekannteste sein. Der ehemalige algerische Offizier, der aus seinem

Buch ‚Wovon die Wölfe träumen' las, hatte sich angesichts der im Buch beschriebenen Enthüllungen von Gewalttaten mit Yasmina Khadra ein weibliches Pseudonym zugelegt. Die von ihm in seinen Büchern eingeforderte Liberalität und Humanität haben ihn in seinem eigenen Land zu einem politischen Hoffnungsträger werden lassen. Beim Blick auf die Autoren anderer Länder sei noch – last but not least – zweier Länder gedacht, die die Arbeit der Neuen Literarischen Gesellschaft aufgrund der Qualität ihres Beitrags befruchtet haben, nämlich Schweden und Frankreich.

Auf Anregung und in Verbindung mit der Lektorin für Schwedisch Gunilla Hinz wurden 1988 ‚Schwedische Literaturtage' veranstaltet. Sie wurden dann unter dem Titel ‚Ein Licht, das von weit her kommt' veröffentlicht. Im Mittelpunkt stand die schwedische Naturlyrik, ebenso wie im Werk eines jungen Stockholmer Autors, Tomas Tranströmer. Ort der Lesung von Tranströmer war damals der große Konferenzsaal der Stadthalle. Dreißig Jahre später erhielt Tomas Tranströmer den Nobelpreis für Literatur. – Für Kenner der schwedischen Literatur kam diese Entscheidung – obgleich wohl begründet und angemessen – gleichwohl überraschend, stand doch Lars Gustafsson – Romancier, Lyriker und Allroundgenie – im Fokus der öffentlichen Wahrnehmung. Lars Gustafsson war im Café Vetter öfter zu Gast.

Was Frankreich betrifft, kam es in den Achtzigerjahren zu einem Literaturaustausch mit der Partnerstadt Poitiers. 1983 kamen neun französische Autoren nach Marburg und acht Marburger besuchten Poitiers. Die Marburger Delegation wurde von Wilhelm Salewski angeführt; der frankophile ‚Guillaume' nahm die Rolle des Dolmetschers und Übersetzers wahr. Später hielt der Marburger Romanistikprofessor Joachim Lope die Verbindung zu Poitiers aufrecht. Die Sprachbarriere zwischen den beiden befreundeten Ländern ist indes nach wie vor beachtlich.

Das traf nicht auf Michel Tournier zu, dem womöglich bedeutendsten Schriftsteller, der im Café Vetter las. Tournier hatte an der Sorbonne in Paris und vier Jahre in Tübingen studiert. Ein wesentlicher Teil seines Romanwerks beschäftigt sich mit seinem Verhältnis zu

weiterlesen auf Seite 78

Bemühen um moderne Lyrik

Italienischer Orden für Charlotte Hochgründler-Hofmann

Zu den bedeutendsten Übersetzern italienischer Lyrik gehört Charlotte Hochgründler-Hofmann. Sie erhielt in diesen Tagen vom Präsidenten der Republik Italien eine hohe Auszeichnung, den Orden „Cavaliere dell'Ordine al merito della Republica Italia", der dem Bundesverdienstkreuz I. Klasse entspricht

Den Orden „Cavaliere dell'Ordine al merito della Republica Italia" überreichte Stadtrat Gerhard Pätzold der Schriftstellerin Charlotte Hochgründler-Hofmann. OP-Foto: MagPA

Charlotte Hochgründler-Hofmann, gebürtige Berlinerin, die lange Jahre in Biedenkopf lebte und jetzt in Marburg wohnt, erhielt diese Auszeichnung für 20 Jahre selbstlosen Bemühens um die italienische moderne Lyrik. Zehn Bände Lyrik und zwei Bände mit Erzählungen von Ugo Betti hat sie ins Deutsche übertragen. Daneben hat Charlotte Hochgründer-Hofmann einen ausgezeichneten Ruf als Schriftstellerin. Vor Jahren erschien ihr Roman „Das andere Leben".

Im Rahmen einer kleinen Feierstunde überbrachte Kulturdezernent Dr. Gerhard Pätzold zusammen mit Stadträtin Gertrud Röhr Glückwünsche des Magistrats und des Stadtverordnetenvorstehers. Dr. Pätzold gab seiner Freude darüber Ausdruck, daß die literarische Arbeit in Marburg durch die Auszeichnung von Frau Hochgründler-Hofmann einen besonderen Akzent erhalten habe.

Landrat Dr. Siegfried Sorge, der die Grüße und Glückwünsche des Landkreises überbrachte, sagte, daß durch diese Ehrung auch die vielfältigen Beziehungen von Charlotte Hochgründler-Hofmann zum Hinterland deutlich würden, da die so hoch Geehrte an der Seite ihres Mannes, des verstorbenen Oberstudiendirektors Hermann Hofmann, lange Zeit in Biedenkopf gelebt habe und dort am Aufbau von Städtepartnerschaften und der Arbeit an der Volkshochschule beteiligt gewesen sei.

Zu den Gratulanten gehörten auch der Vorsitzende der Neuen Literarischen Gesellschaft, Ludwig Legge, und die stellvertretende Vorsitzende des Marburger Künstlerkreises, Hanna Korflür. (OP)

OP, 26 - II - 77

„LITERATUR UM 11" e. V.

NEUE LITERARISCHE GESELLSCHAFT

Doppeleinladung

355 Marburg/L., 16. 11. 82
Sauersgäßchen 1
Tel.: (06421) 64822 und 22850

Hiermit laden wir Sie herzlich ein zu unseren beiden letzten Veran= staltungen dieser Saison mit

Dietmar Grieser (Wien)
am Sonntag, dem 21. November '82, 11 Uhr, im Café Vetter, Reitgasse;

und den Preisträgern (N.N.)
der "Marburger Förderpreise für Literatur" 1982
am Montag, dem 29. November '82, 18 Uhr, im Café Vetter.

Dietmar Griser stellt sein neues Buch "Goethe in Hessen" vor, - sozu= sagen als Ausklang zum Goethe-Jahr.
Grieser, Jahrgang 1934, ist Mitglied des PEN-Clubs und Träger des Körner-Preises 1976. Mit seinen Büchern "Schauplätze der Weltlitera= tur","Schauplätze österreichischer Dichtung" und "Piroschka, Sorbas & Co." kann man ihn gewiß zu den originellsten deutschen Reise= schriftstellern zählen.
Grieser, den die Presse zum "Meister der literarischen Lokaltermine" ernannt hat und den seine Leser als "Detektiv in Sachen Literatur" ebenso schätzen wie als Erfinder eines neuen Hobby-Tourismus, hat in den vergangenen Jahren auf über 60 Reisen in alle Teile der Welt "Spielstätten" berühmter Bücher aufgesucht: von Dostojewskis Lenin= grad ("Raskolnikow") bis zu Tennessee Williams' "Endstation Sehn= sucht" in New Orleans, von Hemingways Kilimandscharo bis zu Thomas Manns "Zauberberg". Die Verfilmung seines Buches "Schauplätze der Weltliteratur" läuft als Fernsehserie im ZDF, das den Autor auch in seiner Sendereihe "Steckbrief" portraitiert hat.

Nach der Verleihung der Literaturpreise am Sonntag, dem 28. November '82 (siehe Einladung!), geben wir allen Literaturfreunden die Gelegen= heit, die von der Jury (Vorsitz: Hans Jürgen Fröhlich, München) aus= gewählten Preisträger in einer Lesung kennenzulernen. Machen Sie von diesem interessanten Angebot Gebrauch! - Übrigens: die Preisverlei= hung wird musikalisch von Christian Elsas, Piano, umrahmt!

Herzlichst Ihr Ludwig Legge

Bankkonto. Volksbank Marburg Nr. 12650

„Literatur um 11“ mit vier österreichischen Autoren

Café Vetter am Sonntag wieder Pilgerort für Literaturfreunde

Biedenkopf (fü). Mit einer interessanten Veranstaltung im Rahmen von „Literatur um 11“ wartet Marburgs Literarische Gesellschaft am kommenden Sonntag, dem 24. April, im Café Vetter in Marburg auf. Die Gesellschaft hat dieses Mal vier österreichische Autoren eingeladen. Ganz bewußt will man, „nachdem mit Hagelstange soeben ein Klassiker der Gegenwart zum Zuge kam, jetzt auch wieder experimentellere Tendenzen zur Diskussion stellen“, so Vereinsvorsitzender Ludwig Legge zum „Hinterländer Anzeiger“. Mit der um 11 Uhr beginnenden Veranstaltung wolle man auch beweisen, daß „der österreichische Beitrag zur Gegenwartsliteratur mit einigen Suhrkamp-Autoren keineswegs erschöpft ist“.

Legge stellte dem „Hinterländer“ die vier Autoren kurz vor: Eine „auffällige Begabung fürs Absurd-Makabre“ wird Lev Detela (Jahrgang 1939) nachgesagt. Er hat zehn Bücher in slowenischer Sprache vorgelegt, schreibt aber seit seiner Übersiedlung nach Wien in 1966 zunehmend deutsch. Durch seine „Legenden um den Vater“, seine letzte Publikation, geistert ein übergroßer Vater, der sich nicht beschränken lassen will „auf die Leiblichkeit, Ort, Zeit, Geschehen“.

Ebenfalls zweisprachig ist der Austro-Amerikaner Herbert Kuhner. Geboren 1935 in Wien, wurde er drei Jahre später von seinen Eltern in die Emigration mitgenommen. Doch ist Kuhner nach dem Studium an der Columbia University 1963 nach Wien zurückgekehrt. Nach mehreren Romanen in englischer Sprache hat er Hörspiele, Gedichte und Prosa in deutscher Sprache vorgelegt. Gewisse Auswüchse des modernen Literaturbetriebes verulkt er in seiner Satire „Dada, Gaga, Kaka“.

Eine andere Art moderner Lyrik vertritt Dr. Wolfgang Mayer-König, Verfasser der Bände „Sichtbare Pavillons“ und „Stichmarken“. Dr. Mayer-König, als Sekretär des österreichischen Bundeskanzlers Bruno Kreisky tätig, hat sich auch als Kulturpolitiker in Wien einen Namen gemacht.

Der vierte und Jüngste, der Klagenfurter Peter Kersche, ist in Marburg noch von einer früheren Veranstaltung her bekannt als vorzüglicher Übersetzer jugoslawischer Lyrik. Kersche, soeben mit dem Theodor-Körner-Förderpreis bedacht, wird sich diesmal mit eigenen Texten vorstellen und unter anderem aus einem unveröffentlichten Roman lesen.

Hinterländer 22-IV-77

Wolfgang Mayer-König

Peter Kersche

Herbert Kuhner

Lev Detela (Fotos: Dichl

»Ein Buch hat immer zwei Autoren«

Fürs Goldene Buch reicht ein Autogramm

Der Schriftsteller beim Eintrag ins Goldene Buch der Stadt – »überwacht« von OB Dietrich Möller. *Foto: Ille*

Marburg (il). Oberbürgermeister Dietrich Möller wusste einen Bogen zu schlagen von der sportlichen Großveranstaltung des gestrigen Tages zu einem eher stillen, hochkulturellen Ereignis: »die kleine Tour de France« sei in der Stadt. Den französischen Ehrengast Michel Tournier mag der frankophile Vergleich gefreut haben.

Bereits zum dritten Mal ist Michel Tournier nun in Marburg, für den Magistrat der Stadt ein guter Grund, diesen berühmten französischen Schriftsteller mit seiner germanophilen Ader besonders zu ehren. Michel Tournier trug sich gestern Vormittag ins Goldene Buch der Stadt ein.

Dem für Frankreich repräsentativen Autor gefällt es an der Lahn; und so rechnete er schmunzelnd vor: »Ich komme alle neun Jahre hierher.« Dann legte er kurz seine »Buchphilosophie« dar: »Ein Buch hat immer zwei Autoren: den Verfasser und den Leser«. Denn »ein Buch, das nicht gelesen wird, existiert nicht ganz«. Außerdem müsse ein Werk, das zeigte er an einem kleinen orientalischen Märchen, »bewohnt sein von lebendigen Leuten.«

Tournier ist ein Schriftsteller, der sich dem »nouveau roman« verschrieben hat. Diese literarische Gattung gilt unter Literaturkundigen eigentlich als schwer lesbar, Theaterstücke als nicht aufführbar. Michel Tournier dagegen ist einer – das zeigte auch sein Vortrag –, der sich nicht so leicht in eine Schublade schieben lässt. Positiv von seinen Kollegen hebe sich das »phénomène Tournier« ab, lobte der Marburger Professor für französische Literatur, Hans-Joachim Lope, in seiner Laudatio. Der Preisträger des wichtigsten französischen Literaturpreises »Prix Concourt« habe eine »neue Lesbarkeit« in den »nouveau roman« eingeführt, so Lope.

Tournier wurde 1924 in Paris geboren, die Eltern waren Deutschlehrer. 1946, nur ein Jahr nach Kriegsende, wechselte er von der Sorbonne nach Tübingen und war damit einer der allerersten französischen Studenten, die in Deutschland studieren wollten. 1967 erst wurde er Schriftsteller. Mit seinem 1970 erschienenen Bestseller »Der Erlkönig« gewann er den »Prix Concourt«, sein Erstlingswerk »Freitag oder das Leben in der Wildnis« ist mittlerweile Pflichtlektüre an französischen Grundschulen.

Heute Vormittag liest der französische Literat Michel Tournier aus seinen Werken, und zwar um 11 Uhr im Marburger Café Vetter (Reitgasse).

Fortsetzung von Seite 73

Deutschland. Für den ‚Erlkönig' erhielt er den ‚Prix Goncourt', den wichtigsten französischen Literaturpreis, für seinen Robinson-Roman den Großen Preis der Académie Francaise. Joachim Lope sprach von einem „phénomène Tournier". Er habe eine „neue Lesbarkeit" in den ‚nouveau roman' eingeführt. Dreimal kam Michel Tournier nach Marburg und las in vorzüglichem Deutsch u. a. aus ‚Der Goldtropfen' und ‚Pierrot und die Geheimnisse der Nacht'. Im Jahr 2000 trug er sich ins Goldene Buch der Stadt Marburg ein. Mit einem Nobelpreis konnte Tournier nicht aufwarten; er war selbst im Nobelpreiskomittee.

Kapitel 6

Die drei Säulen der Neuen Literarischen Gesellschaft

Die Arbeit der Neuen Literarischen Gesellschaft ruht auf drei Säulen, den Lesungen, den Sachvorträgen und den Matineen. Daneben setzt sie immer wieder kulturpolitische Akzente, was der Besuch hochrangiger Politiker anderer Staaten ausweist. Angesichts der Vielzahl der Lesungen ist es nicht möglich, alle Autoren zu nennen, die im letzten Jahrfünft zu Wort gekommen sind. Trotzdem sollen einige genannt werden: Bodo Kirchhoff, Raoul Schrott, der ‚Weltensammler' Ilja Trojanow, Träger des Leipziger Literaturpreises, der Lyriker und Georg-Büchner-Preisträger Durs Grünbein und bei den Frauen Ulla Hahn und Alissa Walser.

Bild: Roswitha Aulenkamp

In letzter Zeit haben aber vor allem die Sachvorträge an Bedeutung gewonnen. Diese Vorträge beziehen sich auf Schriftsteller, die gerade ein Jubiläum haben oder Themen, die anderweitig in den Blickpunkt der Öffentlichkeit gerückt sind. Beispiele hierfür sind die Schillerbiographie und ‚Goethes letzte Reise' von Sigrid Damm, Detlef Jena mit ‚Das Weimarer Quartett', ‚Nietzsche' von Ernst Nolte, ‚Brentano' von Hartwig Schulz, ‚Ernst Jünger' von Heino Schwilk. Dazu gehört auch – einer Vorliebe des Vorsitzenden folgend – die Preußenreihe, beginnend mit Christian Graf von Krockow, den Beiträgen von Friedrich Wilhelm Prinz von Preußen und Dagmar von Gersdorff. Auch Rüdiger Safranskis fünf Auftritte im Café Vetter müssen genannt werden, u. a. über ‚Das Böse', die Romantik, Heidegger und Goethe. Auch die Vorträge des freien Philosophen Dr. Dr. Joachim Kahl, über den Existenzialismus, die Stoa und die französischen Moralisten fanden ihr Publikum.

Ergänzt wurden die Sachvorträge von Anfang an durch Literarische Matineen. Dabei handelt es sich um Veranstaltungen, bei denen die Biographie eines Schriftstellers vorgestellt wird, verbunden mit Lesungen aus seinem Oeuvre. Dazu gibt es ein musikalisches Rahmenprogramm. Bei Bertold Brecht, Tucholsky und den Exponenten der Zwanzigerjahre waren es die Sängerin Silvia Anders und der Pianist und Komponist Dr. Justus Noll, die sich hervortaten. Natürlich spielt die heitere Muse im Rahmen eines Kaffeehauses eine wichtige Rolle. Das betrifft die Gäste aus Wien, aber auch die Matineen zu Christian Morgenstern, Ringelnatz und Erich Kästner. Literarische Matineen gab es zu den Brüder Grimm, Goethe, Schiller, Heine, Fontane, Rilke, Hesse, Jünger, bei den Frauen zur Heiligen Elisabeth, Hildegard von Bingen, Mascha Kaléko. Bei diesen Namen handelt es sich um einen klassischen Bildungsstoff, den man sonntagvormittags bei Kaffeehausatmosphäre auf ansprechende (und unterhaltsame) Weise präsentiert bekommt. Die Texte werden von einem Schauspieler oder einer Schauspielerin gelesen. Musikalisch begleitet Dr. Justus Noll die Literarischen Matineen, indem er den historisch-musikalischen Kontext und den Wechsel der literarischen Genres einbezieht. –

Bild rechts: Dr. Friedrich Wilhelm Prinz von Preußen

Es hat sich eingespielt, dass seit einem Vierteljahrhundert am Sonntag vor Weihnachten Heiko Postma einen Autor und dessen Werk vorstellt. Es begann mit ‚Weihnachten bei Karl May', wo in der Prärie die Glocken läuten, über Charles Dickens´ ‚Christmas Carol', ‚Weihnachten bei den Buddenbrooks', über Stifters ‚Bergkristall', den Märchen von Hans Christian Andersen, Peter Rossegers ‚Waldbauernbuben', aber auch den Matineen zu Eichendorff, Kleist und Arno Schmidt.

Die Sachvorträge und Literarischen Matineen ergänzen und vertiefen die auf das Poetische orientierten Autorenlesungen. Zugleich kommt mit den Matineen ein populäres, an Unterhaltung orientiertes Element zum Tragen, etwas einem Kaffeehaus Adäquates. Standen zu Beginn der Literarischen Gesellschaft Lyrik als Sprachexperiment im Fokus und später die Dissidenten, so wird man nicht fehl gehen, wenn man meint, eine Veränderung festgestellt zu haben. Die Matineen, aber auch die Einladungsliste der letzten Jahre zeigen eine Tendenz

10 Marburger Neue Zeitung 19.01.04

Nachfahre des Königs liest aus Briefen

Die andere Seite des „Alten Fritz"

Von André Hille (0 64 21) 16 99 90
redaktion.mnz@mail.mittelhessen.de

Marburg. **Es war eine Liebe, die ein Leben lang anhielt. Die Liebenden waren Schwester und Bruder. Die Rede ist von Friedrich dem Großen und seiner Schwester Wilhelmine. Sie führten eine Korrespondenz voller Sehnsucht und Liebesschwüre. Eine Auswahl der Briefe aus dem gerade erschienen Buch „Solange wir zu zweit sind" hat gestern ein echter Nachfahre des Preußenkönigs präsentiert: Friedrich Wilhelm Prinz von Preußen.**

Doch der Historiker ist mit seinem Namen lediglich prominenter Herausgeber der Sammlung, wie er bescheiden anmerkt, denn die Hauptarbeit an dem Buch verrichteten Kirsten Heckmann-Janz und Sibylle Kretschmer. Trotzdem ergänzten sich bei der Lesung die Kommentare des Prinzen wunderbar mit den von Rainer Domke und Petra Soltau (Stadttheater Gießen) gelesenen Briefen.

Unter dem strengen Regime des „Soldatenkönigs" Friedrich Wilhelm I. wuchsen die beiden 1709 und 1712 geborenen Kinder mit vielen Schlägen auf. Insbesondere der weiche und sensible Kronprinz Friedrich mit seinem Hang zu Poesie und Kunst enttäuschte den Vater und zwischen beiden sollte lebenslanger Hass stehen.

Gegen das strenge Regiment des Vaters verbündeten sich die beiden Geschwister. Sie bildeten eine Art Koalition, fast ein Inzest-Bündnis, gegen die Welt und den jähzornigen Vater. „Ich habe auf Erden keinen besseren Freund als dich", schreibt Wilhelmine 1732 und er schreibt noch in seiner Hochzeitsnacht: „Ich habe dich nie so geliebt wie jetzt".

Als 1756 der siebenjährige Krieg ausbrach, war die mittlerweile 47-jährige Wilhelmine schwer erkrankt und ihr Bruder wusste nicht, was ihm größere Sorgen bereiten soll: die anfänglich schweren Niederlagen durch die Franzosen und Österreicher oder die Krankheit seiner Schwester. „Du allein fesselst mich noch an die Welt", schreibt er tief deprimiert 1758 an seine Schwester und schlägt den gemeinsamen Tod vor.

Doch noch bevor diese stirbt, ermutigt sie ihn, seinen Weg weiter zu gehen. Am 14. Oktober 1758 stirbt Wilhelmine 49-jährig in Bayreuth. Ihr Bruder hingegen regiert noch fast drei Jahrzehnte und geht in die Geschichte als „Alter Fritz" ein. Seiner „Liebsten Schwester" errichtete er in Schloss Sanssouci einen Tempel sowie ein Denkmal. Er führte noch bis zu seinem Tod 1786 das aufklärerische Reformwerk als „erster Diener des Staates" fort.

OBERHESSISCHE PRESSE

JOURNAL

25. IV. 06

Leser denkt: „Verdammt, der sieht mehr als ich“

Wilhelm Genazino las zum „Welttag des Buches“ in Marburg

Marburg. „Eine Frau, eine Wohnung, ein Roman“, der wohl beliebteste Roman des Georg-Büchner-Preis-Trägers Wilhelm Genazino, ist besonders amüsant, wenn er vom Schriftsteller selbst vorgelesen wird.

von Eva Seyer

Das Buch handelt vom „Schicksal eines jungen Mannes“, der nicht genau weiß, „was mit ihm passieren soll“, erzählt der 63-Jährige einleitend zu seiner Lesung zum „Welttag des Buches“. Als der Autor beginnt vorzulesen, erleben die knapp 100 Besucher im Theater am Schwanhof, wie er ganz selbstverständlich die Rolle seines 17-jährigen Romanhelden übernimmt.

Der naive junge Mann hat durchaus eine konkrete Vorstellung von dem, was er erreichen will. Eine Frau, eine Wohnung und ein Roman stehen auf seiner Liste – in dieser Reihenfolge. Doch wie er das bewerkstelligen soll, ist ihm weitgehend unklar. Die Möglichkeit, [illegible]r Geld zu schreiben, eröffnet sich dem namenlosen Helden ganz unabsichtlich, als er von einem Zeitungsredakteur unverhofft als freier Mitarbeiter in Beschlag genommen wird.

Absolut glaubwürdig und zum Brüllen komisch gewährt Genazino seinen Zuhörern Einblicke in den Alltag des jungen Journalisten, der sich bei seiner Arbeit oft selbst nicht ernst nehmen kann.

Zum Beispiel, wenn er über eine Autogrammstunde mit Rex Gildo mit seinem „goldbraunen Brathähnchengesicht“ berichten soll. Oder über die italienische Woche im Kaufhaus Hertie, die unerklärlicherweise die zuvor vornehmen Kaufhaus-Kunden in ein „dumm-dusseliges Purzelvolk“ zu verwandeln in der Lage ist.

Wilhelm Genazino las am Sonntag zum Unesco-Welttag des Buches im Theater am Schwanhof. *Foto: Eva Seyer*

Dass während seiner Lesungen viel gelacht und gekichert wird, überrascht den Autor oft, wie er auf die Frage einer Zuhörerin gesteht. „Komisches Empfinden ist unvorhersehbar“, erklärt Genazino, „und manche Menschen lachen an lustigen Stellen auch ganz heimlich in sich hinein, so dass man es gar nicht merkt.“

Auch der kurze Ausschnitt, den Genazino aus seinem Roman „Der Fleck, die Jacke, die Zimmer, der Schmerz“ vorliest, regt viele Zuhörer zum Lachen, aber auch zum Nachdenken an.

Die unglaubliche Wahrnehmungsfähigkeit der Charaktere in den Romanen des Frankfurter Autors, hat eine Besucherin sogar dazu veranlasst, einen Selbstversuch durchzuführen: „Ich habe einmal versucht, selbst soviel von meiner Umgebung wahrzunehmen. Aber leider bin ich dabei nicht weit gekommen, es ist unglaublich anstrengend.“

Wilhelm Genazino lächelt. „So konzentriert, wie es im Text steht, kann es natürlich nicht sein“, erklärt der Schriftsteller. „Da werden ganz viele zeitlich voneinander unabhängige Beobachtungen im Text verdichtet zusammengestellt. Für den Leser muss es so sein, dass er denkt: Verdammt, der sieht mehr als ich.“

von der ernsten, problemorientierten Literatur zu einer gewissen Auflockerung, bei der man getrost im Sinne von Hans Robert Jauß von „Kunstgenuss" sprechen kann. Auf dem Höhepunkt moderner, nachkriegszeitlicher Ästhetik war es verpönt, bei Kunst und Literatur von einem ‚Genuss' zu sprechen; es ging um Kritik, Widerstand, um Aufdeckung und Entlarvung des von Adorno so bezeichneten „falschen Ganzen". Dass Kunst und Literatur etwas mit ‚Unterhaltung' zu tun haben könnten, wurde angesichts dieser Sichtweise in den Hintergrund gedrängt. Bei den Literarischen Matineen ist aber nicht zu bestreiten, dass das Moment ‚Unterhaltung' eine wichtige Rolle spielt. Das ‚Erhabene' wird zurückgedrängt, der Begriff „Kunstgenuss" wird rehabilitiert. Sollte dies etwas mit dem Wandel von der Moderne zur Postmoderne zu tun haben, so hat dieser Wandel auch bei der Neuen Literarischen Gesellschaft seinen Niederschlag gefunden.

Prinz Dr. Asfa-Wossen Asserate Foto: H. J. Müller

Jedenfalls sind bei den Autoren des letzten Jahrfünfts auffallend viele dabei, bei denen Witz, Ironie und Satire vorherrschende Elemente sind. Das trifft auf die beiden Frankfurter Georg-Büchner-Preisträger Martin Mosebach und Wilhelm Genazino ebenso zu wie bei den Autoren des Diogenes-Verlags, Jakob Arjouni und Andrej Kurkow, auf Herbert Rosendorfer, den Wiener Peter Henisch und den Satire-Champion Joseph von Westphalen. Auch Asfa-Wossen Asserate, ‚Ein Prinz aus dem Hause David' passt in dieses Bild, wenn er bei seinen Beobachtungen deutscher Cafés lakonisch-augenblinzelnd feststellt: „Draußen bloß Kännchen."

o. r. Marianne Baader, Schatzmeisterin, u. r. Prof. Dr. Hans Schauer und Joachim A. Hanuschkin

Ist man bereit, den Begriff der Postmoderne ins Feld zu führen, sind auch die Gefühlsaufwallungen von Robert Schneiders ‚Schlafes Bruder' oder Hanns-Josef Ortheil ‚Die geheimen Stunden der Nacht' dazuzurechnen. – Hierzu passt auch der neue Regionalismus, wie ihn der kürzlich verstorbene Peter Kurzeck und Andreas Maier – wenn auch unterschiedlich akzentuiert – vertreten, die dem Leben ihrer Heimat nachspüren, auch wenn diese Heimat nicht New York und San Francisco ist, sondern die Wetterau und Staufenberg.

Kapitel 7

Streit um den Marburger Literaturpreis

Außer dem Vorsitzenden soll nun eine weitere Person Erwähnung finden, die für das Projekt Neue Literarische Gesellschaft von Bedeutung war. Über zwanzig Jahre stand Ludwig Legge Reinhard Spalke als Mitstreiter zur Seite, bevor er im Herbst 1995 im Alter von 58 Jahren verstarb. Reinhard Spalke, Mitbegründer der Neuen Literarischen Gesellschaft, war Lehrer und Stadtverordneter. Dass er Lehrer war und Poet dazu, mag zu seiner Motivation geführt haben, Gegenwartsliteratur in die Schule zu bringen. Über Marburg hinaus organisierte Spalke literarische Schullesungen. Zum Teil handelte es sich dabei um Autoren, bei deren Werken es nahezuliegen schien, sie Schulkindern vorzulesen. Das betraf beispielsweise Josef Guggenmoos, der gerade den Jugendbuchpreis bekommen hatte, oder Dimiter Inkiow mit seiner ‚Reise nach Peperonien'. Wolfdietrich Schnurre, ebenfalls ein Georg-Büchner-Preisträger, bestritt im Juli 1980 die hundertste Schullesung des Spalke-Projekts. Auch andere prominente Autoren lasen in Schulaulen und Klassenzimmern, Peter Härtling und James Krüss,

v.l.n.r.: Dr. G. Pätzold, Kulturdezernent, MdB Dr. Gisela Babel, Preisträger Harald Kaas, L. Legge, Kulturreferent A. Klein

dessen ‚Tim Thaler' gerade im Fernsehen als Fortsetzungsserie gezeigt wurde. Udo Steinke, stellvertretender Vorsitzender des Münchener Goethe-Instituts und selbst Autor, schrieb: „Niemand in Deutschland wird je wieder so ganz direkt, ganz unkompliziert, mehr als nur unkonventionell etwas tun für uns Autoren und für Literatur in den Schulen wie Reinhard Spalke." Als FDP-Kulturpolitiker nutzte Spalke seine Möglichkeiten als Stadtverordneter, die Stadt zur Einrichtung eines Kulturpreises zu gewinnen. Damit begann eine Geschichte, bei der Lachen und Weinen nahe beieinander liegen.

Bereits 1977 hatte Ludwig Legge einen Marburger Literaturpreis gefordert. 1980 war es dann soweit, dass zum ersten Mal dieser Preis verliehen werden konnte. Den Hauptpreis in Höhe von 12.000 DM erhielt bei der ersten Preisverleihung Harald Kaas aus München, die Förderpreise in Höhe von je 6.000 DM bekamen Oskar Pastior, Gerd Jonke und Elfriede Czurka, einen Übersetzerpreis in Höhe von 6.000 DM ging an die Marburgerin Rosemarie Schering für ihre Übersetzungen aus dem Japanischen. Die Stadt hatte also an diesem Sonntagvormittag im November insgesamt 36.000 DM zur Literaturförderung ausgeschüttet, eine Summe, die nicht davor gefeit war, Anstoß zu erregen.

Dass Harald Kaas 1980 den Hauptpreis erhielt, verdankte er dem Engagement von Herbert Heckmann, dem damaligen Präsidenten der Deutschen Akademie für Sprache und Dichtung in Darmstadt. Die Entscheidung für Harald Kaas wurde in Literaturkreisen als mutig und mit Anerkennung zur Kenntnis genommen. Der Autor, der sich im Grenzbereich zur Schizophrenie aufhielt und sich später das Leben nahm, bediente sich in seinem Buch ‚Uhren und Meere' kühner Sprachbilder und Visionen, was ihm in Literaturkreisen zu einem Van Gogh ähnlichen Kultstatus verhalf. Auch der Empfänger eines der Förderpreise, Oskar Pastior, war in der Öffentlichkeit damals kaum bekannt, wurde aber unter Kennern bereits als Geheimtyp gehandelt; 2009 erhielt er den Georg-Büchner-Preis von der Deutschen Akademie für Sprache und Dichtung in Darmstadt. Für Pastior war der Marburger Preis überhaupt sein erster Literaturpreis und nach seiner

weiterlesen Seite 91

Der Zeitzeuge Florian Schwebel berichtet:

James Krüss war unscheinbar und unerbittlich

Die verlegenste Person im überfüllten Raum stand schwerfällig auf, zupelte sich das Hemd zurecht, schleppte sich auf die Bühne und hustete kurz ins Mikrofon. Dann schnarrte eine leise, etwas heisere Stimme, und mit einem Schlag hörten Geplapper und Geschirrgeklirr auf. James Krüss war unscheinbar und unerbittlich. Ich war zum ersten Mal auf einer Lesung. Ich hatte bunten Quatsch und kindgerechte Fluffigkeit erwartet, stattdessen führte ein kleiner Mann mit runder Glatze eindringlich und unaufgeregt in den Sog einer Geschichte, wesentlich packender und verstörender als jede, die ich bisher gehört hatte. Nervös rührte ich in der heißen Schokolade herum – und James Krüss las, erläuterte, entschuldigte „Timm Thaler oder das verkaufte Lachen". In der mittelhessischen Gemütlichkeit, zwischen Senioren und aufstrebenden Bildungsbürgern wehten Salzwasserluft, Arbeiterelend, Teufelspakte und die Gerüche fremder Länder durch den Raum. „Die Geschichte der 101 Tage" sollte er sein Hauptwerk später nennen, diese aufgeräumt-knallbunte Parade von Hummerbuden und Rauchzimmern, in denen Menschen einander Stabreimgedichte und Geschichten erzählen, darunter „Timm Thaler", „Gilgamesch" und griechische Sagen. Sehnsüchtiges Endziel dieser endlosen, halbverrückten Teegesellschaft in Krüssens Kopf und Werk war die schrankenlose Begegnung der Sprachen, Kulturen und Erzählungen, die Suche nach der kritischen Masse an Fabeln und Wortspielen, die die Planeten sacht explodieren lassen, neugestalten könnte.

An diesem Sonntag ließ Krüss, der selbstbenannte „Harmlos", in einem beinahe fahlen, beinahe schleppenden Tonfall, aber mit unbeirrbarer Konsequenz nach und nach die weite Welt in das kuschelige Café hineinsickern. Eine unheimlich vertraute, abgründige und reichhaltige, eine verspielte Welt. Wie jede Überflutung war auch diese erst zu erkennen, als die Fluchtwege schon längst im Meer versunken waren. Dieser scheue, bescheidene Mensch verfügte über ein grenzenloses Selbstbewusstsein, aber es galt nicht seiner Person. Es war der ruhig glühende Glaube an Geschichten, an Sprache und Weltbürgertum, der Krüss souverän dramaturgische Kniffe und Pointen setzen ließ, mit dem er lässig Fragen parierte und in ungerührter Selbstironie von sich erzählte. Als er das Publikum spürbar gebannt hatte, taute er spürbar auf, lächelte hier und da, ließ mehr und mehr von seiner trockenen Pfiffigkeit aufblitzen. Schließlich ließ er wie ein müder Teufelsgeiger auch ein paar seiner damals allgegenwärtigen Gedichte aus dem Ärmel kullern, dieses markante Plätschern von ABAB und ABBA – Versen voll stabreimender Tiere und zurechtgestutzter Helden. Das Café Vetter war kurzgeschlossen mit der Insel Helgoland und allen Basaren des Orients, ein Leuchtturm, der in Vergangenheit und Zukunft Feuerzeichen schickte. Es war eine Beschwörung, aber der Schamane drückte sich anschließend an der Wand entlang, als wolle er in ihr verschwinden.

Bei späteren Lesungen durfte ich den würdevoll Wirklichkeiten verschränkenden Max Kruse, den Vater von Urmel, erleben. Und Unterhaltungen mit dem früh verstorbenen Dimiter Inkiow, dem Vater von ‚Meine Schwester Klara', waren auch für einen Grundschüler ein Knallfroschgewitter an grimmigem Witz. Doch, für wie viele Kinder James Krüss auch immer den Raum der Literatur eröffnet haben mag, ich war jedenfalls eins von ihnen, an diesem alltäglichen Sonntag um 11.00.

Fortsetzung von Seite 88

Übersiedlung von Rumänien nach Berlin eine finanzielle Starthilfe.

Generell wird man sagen können, dass der Marburger Literaturpreis einen bemerkenswerten Einstand hatte und auch in Literaturkreisen respektiert wurde. Das betraf auch die Preisverleihung an Ludwig Harig 1982 mit den Förderpreisen an Hans Georg Bulla und dem später an einer Vergiftung verstorbenen DDR-Dissidenten Jürgen Fuchs. Der Hauptpreis war jetzt mit 15.000 DM bestückt und die Förderpreise mit jeweils 7.500 DM, was im städtischen Haushalt mit insgesamt 30.000 DM zu Buche schlug. 1984 bekam Erich Loest den Marburger Literaturpreis, der Verfasser des späteren Wenderomans ‚Nikolaikirche', über dessen Schicksal und Verbundenheit zu Marburg schon berichtet wurde. 1986 folgte Hans Joachim Schädlich, der seinen Roman ‚Tallhover' gerade zu Ende geschrieben hatte, und 1990 Helga M. Novak. Als James Krüss 1988 den Hauptpreis bekam, fand in nahezu allen deutschen Feuilletons der Marburger Literaturpreis Erwähnung. Seine Bücher waren damals in jedem Kinderzimmer präsent.

Welches waren die Gründe, dass der Marburger Literaturpreis 1990 unmittelbar nach der Verleihung an Helga M. Novak der neuen Literarischen Gesellschaft entzogen wurde?

Es war Helga M. Novak, die gegenüber linker Kritik am Podium des Marburger Literaturtags 1982 ins Publikum gerufen hatte: „Hier sitzen hundert Jahre Knast." Doch dürfte dieser Ausruf 1990 schon vergessen gewesen sein. Seit 1980 hatten inzwischen neun Personen, die Dissidenten waren, Haupt- oder Förderpreise erhalten, unabhängig von der Zusammensetzung der Jury. Das musste angesichts der damaligen politischen Großwetterlage, speziell der in Marburg, zu einem gewissen Misstrauen geführt haben: Kritik an der DDR widersprach damaliger political correctness. In fortschrittlichen Kreisen forderte man die Anerkennung der DDR-Staatsbürgerschaft. Innere Stabilität und Selbstbewusstsein des DDR-Regimes hätte zur Folge, dass es auch den Menschen in der DDR besser ginge, hieß es. Das Hofieren und gar die Auszeichnung von Dissidenten durch die Neue Literarische Gesellschaft war damals manchem, besonders aus dem

weiterlesen Seite 96

Ein Zeitzeuge berichtet:

Ludwig Legge:

„Dachlatte" und andere Argumente

Man kann sich heute die leidenschaftliche Agitation für und wider den Marburger Literaturpreise nicht mehr vorstellen. Auf der einen Seite der als SPD-nahe geltende Marburger Kunstverein, der seinen Protektor im Kulturdezernenten Dr. G. Pätzold hatte, der später selbst Vorsitzender des Kunstvereins werden sollte, auf der Gegenseite Ludwig Legge und Reinhard Spalke. Als Stadtverordneter und kurzzeitiger Vorsitzender des Marburger FDP Ortsvorstandes konnte Spalke direkten Einfluss auf die Kulturpolitik nehmen, deren Instrument der Arbeitskreis Kultur der FDP wurde, den wiederum Legge leitete. Mit dem Präsidenten der Deutschen Akademie für Sprache und Dichtung Herbert Heckmann, zudem renommierter Autor, fand sich ein Förderer des Literaturpreises, der auch den 1. Hauptpreisträger Harald Kaas als Vorsitzender der Jury durchsetzte.
Als nach parteiinternen Auseinandersetzungen das politische Gewicht der FDP, besonders aber von Spalke gesunken war,

„Auch wenn der OB Drechsler ein halbes Jahr nicht mehr grüßte, war ausgerechnet er es, der …"

geriet der Preis in Turbulenzen, die seinen Fortbestand in Frage stellten. Nachdem OB Dr. Hanno Drechsler öffentlich über seine Abschaffung nachgedacht hatte, war es die Schützenhilfe durch Landrat Dr. Christean Wagner, die ihn politisch stütze. Auf einer Pressekonferenz im Waldecker Hof, wo Prof. Horst Schwebel das literarische Gewicht des 2. Hauptpreises Ludwig Harig unterstrich, sorgte Legge als NLG- Vorsitzender für die OP-Schlagzeile: „OB Drechsler schwingt die kulturpolitische Dachlatte.“ Auch wenn der OB Drechsler ein halbes Jahr nicht mehr grüßte, war ausgerechnet er es, der den Marburger Literaturpreis stabilisierte. Bei der Preisverleihung erklärte er dem neben ihm sitzenden überraschten Ludwig Legge, wenn er gewußt hätte, dass sein Landsmann Erich Loest den Preis bekommen würde, hätte er nie ein kritisches Wort darüber verloren. Allerdings war dies keinesfalls eine persönliche Verlautbarung. Die Marburger konnten den Sinneswandel ihres Oberbürgermeisters auch in der Zeitung nachlesen.

Irgang, Wolf The Browns and I

„Zwei Handvoll Dankstrophen“ trug James Krüss für die Verleihung des Marburger Literaturpreises 1988 vor:

„Dank, Herr Oberbürgermeister,
Für den Preis, den Ihre Stadt
(Marburger Literaturpreis heißt er)
Uns zu viert verliehen hat.

In dem preisgekrönten Vierer
Ist Margrit Irgang mit dabei,
Dann Ror Wolf (auch Raoul Tranchirer),
Schließlich the two Browns and I.

Gern, Herr Oberbürgermeister,
Woll'n wir danken. Aber wie?
Singen wir nun Lob und Preis der
Prosa und der Poesie?

Nein, da Sie uns heute priesen,
Preisen wir nun Ihre Stadt,
Die ja neben Uferwiesen
Sehr viel andres Schöne hat.

So, Herr Oberbürgermeister,
Steht dies' Rathaus (Fundation
Gotisch strenger guter Geister)
Fast ein Halbjahrtausend schon.

Und der Rittersaal, in dem man
Über Religion sich stritt,
Formte (auch für Kunz und Lehmann)
Ihre Stadtgeschichte mit.

Wohl, Herr Oberbürgermeister,
Nacht der Zeit so scharfer Zahn
(Ach, uns alle piekt und beißt er)
Auch an Marburg an der Lahn.

Doch noch immer sehn wir strahlen
Schloß und Universität
Und den Dom der frühsozialen
Heiligen Elisabeth.

Auch, Herr Oberbürgermeister,
Was sich literarisch rührt,
Schießt hier ja nicht keck koppheister,
Sondern preist und lobt fundiert.

Drum erwidern wir (verstehn Sie's)
Preisverleih mit Lobgesang:
Gloria urbi Marburgensis!
Und zum Schluß recht schönen Dank!“

Sichtlich erfreut nahm James Krüss von Oberbürgermeister Dr. Hanno Drechsler den Hauptpreis entgegen. Der 62jährige Autor revanchierte sich mit einem „Loblied auf Marburg“.

Sie haben in unserer Universitätsstadt ein großes Stammpublikum, das sich nicht das Vergnügen entgehen läßt, einer Lesung mit beiden Autoren beizuwohnen: Ludwig Harig (links) und Hans-Georg Bulla, zwei der Preisträger des Marburger Literaturpreises von 1982, stellten ihre damals geförderten und jetzt vollendeten Arbeiten bei „Literatur um 11" vor. **OP-Foto: hr**

Mongolischer Witz verzaubert Publikum

Galsan Tschinag erhielt am Sonntag den „Literaturpreis der Neuen Literarischen Gesellschaft"

Der mongolische Autor und Häuptling Galsan Tschinag ist der erste Preisträger des „Literaturpreises der Neuen Literarische Gesellschaft Marburg". Im Café Vetter konnte man den charmanten Autor kennenlernen.

von Angelika Fey

Marburg. Die von der „Neuen Literarischen Gesellsohaft" ins Leben gerufene Auszeichnung wurde Galsan Tschinag am Sonntag durch den Oberbürgermeister Egon Vaupel im Cafe Vetter verliehen. Bei dieser Gelegenheit las der Autor aus seinem frisch im Unionsverlag erschienenen Buch „Gold und Staub". Das Besondere an Galsan Tschinag: Als Mongole schreibt er auf Deutsch.

Der Autor ist ein kleiner, grauhaariger Mann mit sehr aufrechter Haltung, der viel Sinn für feinsinnigen Humor und kreative Wortspiele hat. Und Humor braucht es seiner Meinung nach ganz besonders, wenn es draußen derartig „novembert" wie in diesen Tagen.

Auf der Bühne des bis auf den letzten Platz besetzten Café Vetter konnte der 67-jährige sein Talent als unterhaltsamer Geschichtenerzähler auch live vollkommen bestätigen. Mit vielen kleinen Anekdoten, spontanen Wortspielen, Schalk und einem charmanten Lächeln nahm er sein Publikum ganz für sich und sein Anliegen ein.

Ludwig Legge (links), Vorsitzender der Neuen Literarischen Gesellschaft, und Oberbürgermeister Egon Vaupel (rechts) begrüßten den mongolischen Autor Galsan Tschinag. Foto: Angelika Fey

Denn Galsan Tschinag ist nicht nur erfolgreicher Autor, von dem inzwischen 40 Bücher erschienen sind – 32 davon in Deutsch verfasst. Er ist auch Häuptling und Schamane des mongolischen Tuwa-Stammes. Mit großem Einsatz kämpft er für die Zukunft des 4000 Köpfe zählenden Nomadenvolkes. Die mit dem „Literaturpreis der Neuen Literarischen Gesellschaft Marburg" verbundene Summe von 3 000 Euro kommt – wie generell alle Einnahmen, die Tschinag bei seinen Lesereisen macht – seinem Volk zugute. Die Zukunft des Volkes der Tuwa ist durch Turbokapitalismus und Raubbau an den reichen mongolischen Bodenschätzen bedroht. Von dieser Herausforderung handelt auch Tschinags neuer Roman mit dem Titel „Gold und Staub".

Zwei Welten treffen im Buch aufeinander: Zum einen Bäume, Gras und Grünes und ein alternder Mann; zum anderen eine junge blühende Frau, Geld und Gold. „Aber nicht jeder Kampf muss in Feindschaft enden", erläutert der Autor. „Wenn man weise genug kämpft, steht man auf derselben Seite." Das Konzept des Autors Tschinag charakterisiert Ludwig Legge, der Vorsitzende der „Neuen Literarischen Gesellschaft", als „biografischen Realismus". Die Erzählungen haben einen Anhaltspunkt in der Lebenswirklichkeit Tschinags. So verhält es sich auch beim neuen Buch. Denn die „Galsan Tschinag Stiftung" hat sich mit ihrem Bewaldungsprojekt das Ziel gesetzt bis zu 20 000 Bäume in der mongolischen Steppe zu pflanzen, um zu verhindern, dass sie sich durch Erosion in Wüste verwandelt.

Galsan Tschinag las anlässlich der Preisverleihung Ausschnitte aus seinem Roman. Dabei wurde deutlich, dass der Kampf um die Natur im Buch eine zusätzliche spirituelle Ebene von globaler Reichweite erhält. Der Hauptcharakter erklärt, dass er mehr ist als nur ein Angehöriger seines Stammes: „Ich bin ich, der vom Wasser der Erde gespülte, vom Wind des Himmels gegerbte und vom Griff des Lebens gewetzte Mann mit Erziehung und Gesinnung des Ostens und mit Kenntnis und Erfahrung des Westens. ... Bin ein Mitglied der großen Familie von Asiaten, bin ein winziges Teilstück der noch größeren Menschheit. Bin ein Mensch, bin die einzählige, vielzellige Menschheit."

Doch wie kommt es, dass ein mongolischer Stammeshäuptling Romane ausgerechnet auf Deutsch schreibt? Tschinag erzählt, dass er im August 1962 in Leipzig eintraf, um dort zu studieren. In den letzten 50 Jahren hat sich seine Freundschaft, ja sogar Verwandtschaft zu Deutschland entwickelt. „Ich möchte der deutschen Sprache einen leichteren Klang geben", sagt der Autor. Musikalität, Weichheit und Lieblichkeit der nomadischen Sprache werden von ihm ins Deutsche eingeschrieben.

Oberbürgermeister Egon Vaupel betonte in seiner Rede, dass die NLG mit Galsan Tschinag als erstem Preisträger eine sehr gute Wahl getroffen hat. Tschinag passe zu Marburg. Denn Marburg sei eine weltoffene Stadt, die gerne Gäste empfange und in der Menschen 140 unterschiedlicher Nationalitäten wohnen.

Fortsetzung von Seite 91

linken Spektrum der Bevölkerung, ein Dorn im Auge.

Zum anderen war eine Summe von inzwischen 30.000 DM, die ohne Bezug auf Marburger Bedürfnisse außer Haus ging, in der Öffentlichkeit ebenfalls schwer zu vermitteln. Für die betroffenen Autoren, denen die Ausschüttung zu Gute kam, war ein Literatur- oder Förderpreis in ihrer Lebenssituation existenznotwendig. Als dann die Partei, bei der Reinhard Spalke Stadtverordneter und die mit der Einsetzung des Literaturpreises eng verbunden war, den Einzug ins Stadtparlament verpasste, wurde der Neuen Literarischen Gesellschaft die Autorschaft am Marburger Literaturpreis entzogen, eine Tat „in falsch verstandener Omnipotenz", so Ludwig Legge gegenüber der Presse. An der Summe von 30.000 DM hielt die Stadt als der neue Auslober des Literaturpreises aber weiterhin fest; doch es kam noch zu Veränderungen im Verfahren und zur Einbeziehung qualifizierter und geeigneter Personen der Philipps-Universität. In gewisser Weise war dies ein Rückgriff auf Vorstellungen der Siebzigerjahre, als gefordert wurde, die Preise ‚basisdemokratisch' zu diskutieren und zu vergeben.

In der ersten Preisverleihung durch die Stadt ohne Mitwirken der Neuen Literarischen Gesellschaft im Jahr 1992 war der Lyriker Durs Grünbein der Preisträger, eine Entscheidung, die überall auf Zustimmung stieß. Als er drei Jahre später den Georg-Büchner-Preis erhielt, hatte man eine Bestätigung gefunden, auf dem rechten Weg zu sein. Danach erwies sich der Weg des Marburger Literaturpreises aber als ausgesprochen holprig. Bei der Kommunalisierung des Literaturpreises einzig durch die Stadt ist es dann auch nicht geblieben. Die Stadt hatte noch den Landkreis als Auslober ins Boot geholt, sodass man vom ‚Literaturpreis der Stadt und des Landkreises Marburg' sprach. Außer dem Hauptpreis von jetzt 7.500 Euro gab es auf Wunsch des Landkreises noch einen Regiopreis von 2.500 Euro. Die Öffnung für das Regionale nahm dem Preis seine Exklusivität und führte zu einer nicht mehr von den Juroren zu bewältigenden Zahl eingereichter Arbeiten. Die Stadt zog die Reißleine und beendete, ohne das Parlament einzubeziehen, das Kapitel ‚Marburger Literaturpreis'. Uwe Badouin kommentierte in der Oberhessischen Presse: „Die Gründe,

Unsere Mitglieder und zahlreiche Besucher haben als Sponsoren und per Abstimmung diesen Preis Galsan Tschinag zuerkannt.

Sie würdigen damit die Verdienste eines ausländischen Autors um die deutsche Literatur und Sprache, für deren Verbreitung er sich als Lektor an der Universität Ulan Bator in seiner Heimat, der Mongolei eingesetzt hat. Galsan Tschinag, Angehöriger des turksprachigen Tuwa-Volkes, hat eine sehr persönliche, kulturelle Brücke zwischen Deutschland und der fernen Mongolei errichtet.

Als ein Autor, der sich unserer Sprache von Aussen nach Innen genähert hat, der täglich drei neue deutsche Wörter lernt und sein Sprachvermögen stetig erweitert, gelingt ihm ein originelles, unverwechselbares Deutsch.

Galsan Tschinag hat damit unsere Literatur bereichert.

Stadt Marburg Neue Literarische Gesellschaft Marburg

warum die NLG auf den mit nahezu 40.000 DM recht hoch dotierten Preis verzichten musste, gelten noch heute: Bei den Autoren waren der Preis (und das Preisgeld) so beliebt, dass sich die Juroren zuletzt durch einen Berg von mehr als 660 Manuskripten und Büchern durcharbeiten mussten. Die Flut der Bewerbungen stand jedoch in keinem Verhältnis zur überregionalen und zur lokalen Wahrnehmung des Preises. – Als 2002 Thomas Lang mit dem Hauptpreis und Markus Orths mit einem Förderpreis ausgezeichnet wurden, schien der Preis eigentlich am Ende: Ganze 30 Zuhörer, davon gut die Hälfte Offizielle, kamen zur Lesung der Preisträger."

Nachdem der ‚Literaturpreis der Stadt und des Landkreises Marburg' zu existieren aufgehört hatte, entschloss sich der Vorsitzende, einen ‚Literaturpreis der Neuen Literarischen Gesellschaft' zu installieren. In einem von Ludwig Legge und Rotraud Urff an die Mitglieder adressierten Brief heißt es: „Unsere Mitgliederversammlung hat am 11. 04. 2005 das Modell eines eigenen, von öffentlichen Subventionen weitgehend unabhängigen, Literaturpreis einstimmig beschlossen. Dieser Preis soll, im Gegensatz zu dem von Stadt und Land vergebenen Preis mit Fördercharakter, an einen repräsentativen, international bekannten Autor vergeben werden. Dieser soll damit zwei Kriterien erfüllen: einerseits dem Ansehen Marburgs als Kulturstadt entsprechen und so das fehlende überregionale Interesse auf unsere Stadt lenken, zum anderen aber dokumentieren, dass diese Gesellschaft, also sie als ihr Träger, Autoren von Spitzenformat nach Marburg einlädt."

Am 17. November 2012 wurde Galsan Tschinag der erste Preisträger des ‚Literaturpreises der Neuen Literarischen Gesellschaft'. Die Preissumme waren 3.000 Euro aus Spenden der Mitglieder, aufgestockt und abgerundet durch einen Zuschuss der Stadt über Oberbürgermeister Egon Vaupel. Galsan Tschinag, Stammesoberhaupt der turksprachigen Tuwa aus der Westmongolei, war schon öfter im Café Vetter und hatte dort aus ‚Die graue Erde' und ‚Die neuen Tränen des Dschingis Khan' gelesen. Als einstiger Professor für ‚Deutsch und deutsche Literatur' in Ulam Bator schrieb und las Galsan Tschinag in deutscher Sprache. Bei der Preisverleihung durch den Oberbürgermeister war es eine Lesung aus seinem Buch ‚ Gold und Staub', das den Einbruch der Zivilisation in die Naturlandschaft seiner Heimat aufzeigt. 3.000 Euro waren, gemessen an den bisher ausgeschütteten Summen, nicht gerade üppig. Galsan Tschinag sah das anders. Der Häuptling der Tuwu sagte, dass er die Preissumme seinem Stamm zur Verfügung stellen werde.

Kapitel 8

Literatur vor Ort

In der Regel finden die Autorenlesungen im Café Vetter statt. Doch es gab auch Ausnahmen. Luise Rinser, Günter Grass und Dschingis Aitmatow lasen in der Aula der Alten Universität, Ephraim Kishon, Stefan Heym und Rolf Hochhuth im Audimax, Tranströmer im großen Konferenzsaal der Stadthalle, Hardy Krüger und Rolf Zacher sogar im Cineplex. Die Nonstop-Lesung des ‚Echolot' fand im Kerner der Lutherischen Pfarrkirche statt. Doch das waren Sonderfälle. Kein Sonderfall waren Hunderte von Schullesungen in Klassenzimmern, Schulaulen und Turnhallen.

Eine besonders originelle Variante eines Leseorts war das Lokal ‚Auf der Bach' in Biedenkopf. Hier lud von 1983 bis 2003 Günther Jahn in Verbindung mit der Neuen Literarischen Gesellschaft zu Lesungen ein. Die Autoren lasen an einem alten Hackbrett, worauf sie ihr Buch und ihr Getränk stellten. Wenn der Frankfurter Mundartdichter Kurt Sigl vortrug, lagen Leseort und Leseart nahe beieinander. Doch

Bild: Literaturbüro, Aulgasse 4

innerhalb der zwanzig Jahre von Lesungen am Hackbrett kamen viele Literaturgenres aus vielen Ländern zum Zug. Zum fünfjährigen Bestehen von ‚Literatur auf der Bach' schrieb der Österreicher Christian Schiff einen Text mit dem Titel ‚Biedenkopfer Buchstabenkrieg': Günther Jahn organisierte auch die Literaturfahrten nach Weimar, Jena und in das Theater von Meiningen. Mit Ludwig Legge und Friedrich G. Paff nahm er an den ‚Tagen der deutschen Kultur' in Moskau teil. Wie Ludwig Legge bekam auch Günther Jahn für seine Verdienste um den Austausch mit Oberösterreich den goldenen Verdienstorden von Dr. Josef Pühringer verliehen.

Was bedeuteten die Lesungen der vielen literarischen Gäste aus der Fremde für die Marburger Autoren?

Zunächst war es freilich ein Gewinn, so viele Literaturgenres, Stimmen und Temperamente kennenzulernen und miteinander vergleichen zu können. Kamen Delegationen aus den Partnerstädten und befreundeter Länder zu Besuch, kam es oft zu einem Gegenbesuch. Kleinere und größere Delegationen fuhren nach Poitiers, Linz, Bratislava, Moskau, Litauen und die Ukraine. Gab es bereits zwischen Marburg und der anderen Stadt eine Jumelage, konnte man daran anknüpfen. Bei Sfax in Tunesien verlief dies gerade um gekehrt. Dort hatte Ludwig Legge die ersten Kontakte geknüpft, während die offizielle Verschwisterung erst Jahre später erfolgte. Im Fall von Sfax eilte die Literatur der Politik voraus.

Dass es in einer Stadt mit einem so hohen Akademikeranteil viele Menschen gibt, die Texte verfassen, mag einleuchten. Nicht alles,

Bild: Günther Jahn

Vom Fieber im Bergparadies und den 70ern in Marburg

Peter Jürgen Rieckhoff las im Café Vetter

von Clemens Niedenthal

Marburg. Es sind die bewegten 70er Jahre, aus denen Peter Jürgen Rieckhoff schreibt. Erinnerungen an die Filme eines Oswald Kolles, von denen die Werbung am Marburger Kino „Rex“ in großen Lettern kündet. Erinnerungen an den „grünen Hahn“, der auf dem Marburger Rathaus „mit den Blechflügeln klappert“. „August 1970“ nennt Peter Jürgen Rieckhoff jenes Gedicht in protokollarischem Gestus. Er selbst ist der Chronist mindestens eines halben Jahrhunderts. Genau das wollte die Neue Literarische Gesellschaft am Sonntag vor 70 Besuchern im Café Vetter feiern – und den 80. Geburtstag des promovierten Studienrats, der in Marburg zu den Gründungsmitgliedern der Neuen Literarischen Gesellschaft zählte. 1962 verschlug es Rieckhoff in die Heimatstadt seiner zweiten Frau. Hier wurde auch sein Sohn Leonard geboren, der die Lesung seines Vaters mit angenehm ironischen Piano-Miniaturen begleitete. Im Zentrum aber standen die Gedichte des Geburtstagskindes. Gedichte, die um vieles leichter waren, als die strenge Würde, die Ursula Lercher in ihre etwas zu ausführliche Laudatio gepackt hatte.

Peter Jürgen Rieckhoff im Café Vetter. *Foto: Niedenthal*

Rieckhoff, jener junge Soldat, der einmal von heroischen Heldentaten in der Wehrmachtsuniform geträumt hat und später aus guten Gründen zum um so glühenderen Pazifisten geworden ist. Viele seiner Verse entstanden auf Reisen. In Paris zum Beispiel, wohin Rieckhoff nach eigenen Bekundungen „als Schlachtenbummler mit dem Marburger Bachchor“ aufgebrochen war. Oder im alpinen Wanderurlaub, aus dem die lapidare Feststellung herrührt, dass einen „ein Fieber auch im Bergparadies“ ereilen kann.

Peter Jürgen Rieckhoff ist ein Autor, wie es in der Universitätsstadt nicht viele gibt. Ein Herumgekommener, der in Marburg seit 40 Jahren eine Heimat gefunden hat. Heute wird ihn Kulturdezernent Egon Vaupel im Rathaus für seine literarischen Verdienste würdigen.

OP, 07.10.03

was geschrieben wird, ist freilich von solcher Qualität, dass es in einer öffentlichen Lesung vorgetragen werden müsste. Zeitweise gab es eine Literaturwerkstatt der NLG, die später eigenständig fungierte. Für Peter J. Rieckhoff, einem Oberstudienrat, der u. a. die ‚Marburger Kalendergeschichten' verfasst hatte, wurden zu seinen runden Geburtstagen jeweils Matineen veranstaltet. Friedrich G. Paff veröffentlichte den ‚Rabbi von Bacharach' und Stücke, in denen die Marburger Geschichte im Zentrum steht. Das Heer der Marburger Autoren kann an dieser Stelle nicht aufgeführt werden. Interessant ist, dass sich Personen der Wissenschaft mitunter eines Pseudonyms bedienten, damit ihr im Amateurstatus betriebenes poetisches Werk nicht mit ihrem sonstigen professionellen Werk gleichgesetzt werde. – Als 1983 wieder ein Elisabethjahr war, veröffentlichte nach einem langen Findungsprozess eine mit einem theologischen Seminar verbundene Autorengruppe das Buch ‚St. Elisabeth – menschlich gesehen'. Herausgeber war Wilhem Salewski, der darin die erdachten ‚Briefe der heiligen Elisabeth an ihre Jugendfreundin Guda' schrieb. Große Beachtung und einen Nachdruck fand in diesem Buch der Roman ‚Die Tochter' von Ursula Dette, eine Lebensbeschreibung von Elisabeth aus der Sicht ihrer Tochter Gertrud, der Äbtissin des Klosters Altenberg. Im Jahr 1988 bot der in Wien und New York lebende Autor Herbert Kuhner an, Lyrik und kurze Texte Marburger Autoren ins Englische zu übersetzen. Darauf entstand das zweisprachige Buch ‚Vis Poetica. Zwanzig hessische Autoren' – ‚Vis Poetica. Twenty Hessian Authors' herausgegeben von Herbert Kuhner und Gunilla Rising Hintz.

Für die Kommunikation vor Ort war es wichtig, dass 2006 in der Aulgasse endlich ein Literaturbüro eröffnet werden konnte. Es ist ein Ort für Gespräche, den Schriftverkehr und zugleich Archiv und Ausstellungsraum, sozusagen ein Kulturzentrum in nuce. Außerdem können die auswärtigen Autoren, sofern sie keinen bischöflichen Standard gewöhnt sind, dort übernachten.

Am Schluss dieses Abschnitts sei noch auf eine Besonderheit der Präsentationen der Neuen Literarischen Gesellschaft hingewiesen, den Beitrag der Musik. Erwähnt wurden bereits die Matineen anlässlich der Jubiläen und Retrospektiven. Hier war es vor allem Dr. Justus Noll, der mit oder ohne Begleitung von Sängern und Solisten am Piano in Erscheinung trat. Dabei ging es nicht allein um die Interpretation bereits existierenden musikalischen Materials. Bei einer Karl-May-Matinee beispielsweise verwob er Noten des Schriftstellers zu einer Musikcollage, die dann mit einem Chor zur Aufführung gelangte. Zu bestimmten Anlässen schuf Noll eigene Kompositionen, zu Legges 75. Geburtstag das „Notturno Blau", das mit sechs Musikern unter Leitung von Friedrich Pohl aufgeführt wurde.

Auch Jan Kleeb brachte mit seinen Sängern eigene Kompositionen zu Gehör, so anlässlich der Dauerlesung zum „Echolot" von Walter Kempowski. Außer Silvia Anders, die mit Justus Noll etwa zwanzig Mal aufgetreten ist, begegnete man in den über vierzig Jahren manchen Chansonnièren, denen es gefiel, das Publikum mit mancher Pikanterie zu überraschen. Häufiger Gast war der Opernsänger Theo Hoffmeier. So sang er anlässlich der Präsentation eines neuen Verdi-Buches Arien von Verdi. Bei den Klaviervirtuosen konnte man u. a. Christian Elsas, Leonhard Rieckhoff und Joachim Kramer bewundern.

Sind wir gerade bei der Musik, so muss auch die außergewöhnliche Leistung der Pianistin und Komponistin Roswitha Aulenkamp erwähnt werden. Vielerlei waren die Anlässe, mit Improvisationen zu Mussorgsky, Rodrigo, Dvorak und anderen aufzuwarten oder gar ihre eigenen Kompositionen, z. B. den „Tango für Corleone", vorzustellen.

Es fand sich schließlich der glückliche Umstand, der durch die kreative Verbindung von Musik zur Lyrik zu einer nahezu neuen Kunstgattung führte. Als Ludwig Legge im Marburger Rathaus seinen neuen Lyrikband „Mosaike" vorstellte, war Roswitha Aulenkamp der musikalische Gegenpart zu Legges Sprachkaskaden. Dabei kam Roswitha Aulenkamp zu Hilfe, dass sie sich beim Pianospiel nicht nur der Tastatur bediente, sondern den Körper des Pianos in seiner Gesamtheit miteinbezog. Die Interaktion von surrealer Sprache und expressiver Musik war für die Anwesenden ein Novum. In der Folge setzten Legge und Aulenkamp diese Form der Text- und Klangvermittlung noch weitere Male fort, wobei über das Piano hinaus noch andere Instrumente (z. B. Saxophon und Stahlcello) und sogar eine Tänzerin hinzukamen.

Blickt man angesichts solcher Interaktionen von experimenteller Lyrik und Musik zurück zu den Anfängen der Neuen Literarischen Gesellschaft, so schließt sich der Kreis. Die Lyrik solle, so Legge 1973, eine neue Dimension in ihrer Wahrnehmung und ihrer Rezeption bekommen. – Jetzt ist es geschehen.

Veröffentlichungen der Neuen Literarischen Gesellschaft

Nachdem bereits Einzelveröffentlichungen von Marburger Autoren genannt wurden, sei ein Blick auf die anderen mit der Literaturgesellschaft verbundenen Veröffentlichungen geworfen. Wer sich diese leidvolle Geschichte ersparen will, mag die zwei folgenden Absätze überspringen, ohne Schaden zu nehmen. – Bei den ersten Veröffentlichungen der Neuen Literarischen Gesellschaft handelte es sich um Oktavhefte von fünfzig bis hundert Seiten, die von 1987-90 im Hitzeroth-Verlag und von 1991-93 im Diagonal-Verlag erschienen. Unter dem Titel ‚Literatur um 11' handelte es sich dabei um Texte von etwa einem Dutzend Autoren, die im Café Vetter gelesen hatten. Als Dr. Anne Neuschäfer, die die ersten Editionen im Hitzeroth-Verlag betreut hatte, in Osnabrück Romanistikprofessorin wurde, wurde die Publikation ‚Literatur um 11' zum ‚Jahrbuch' und wechselte zum

Universitätsverlag Rasch nach Osnabrück. Von 1997 bis 2000 wurden drei Jahrbücher herausgegeben, zwei mit einem Umfang von 200 Seiten, das dritte, ein Doppelband, umfasste 400 Seiten. Die Jahrbücher wurden eingeteilt in die Abteilungen: Essay, Prosa, Lyrik, Rezensionen und Miszellen. Der Doppeljahrgang 1999/2000 beginnt mit zwölf anspruchsvollen wissenschaftlichen Beiträgen zu Poetik, Ästhetik und Geistesgeschichte, ohne freilich in den Abteilungen ‚Prosa' und ‚Lyrik' dem Poetischen noch genügend Raum zu geben. Einige der Beiträge sind zweisprachig mit Übersetzungen aus dem Französischen, dem Russischen, dem Italienischen und dem Albanischen; in anderen Fällen blieb man gleich in der Ausgangssprache und setzte einen sprachmächtigen Leser voraus. – In diesen Jahrbüchern spürt man deutlich die Handschrift einer Wissenschaftlerin.

Bei keiner Veröffentlichung der Neuen Literarischen Gesellschaft war die Literatur so eng mit der Wissenschaft verbunden wie bei diesen Jahrbüchern. Anne Neuschäfer war inzwischen Professorin in Aachen. Das hohe Anspruchsniveau der Publikationen hatte aber keine größere Nachfrage an Kaufwilligen zur Folge. Für die Verleger war ‚Literatur um 11', auch in Gestalt der ‚Jahrbücher', kein Erfolgsmodell. Es kam nach den Verlagen Hitzeroth, Diagonal, Universitätsverlag Rasch erneut zu einem Verlagswechsel. Im Biblion-Verlag wurden drei neue Bände von ‚Literatur um 11' herausgebracht. Die Stärke der Bände betrug 250 Seiten; 23 bzw. 25 Autoren waren mit bislang unveröffentlichten Texten vertreten, darunter manch wohlklingender Name. Im Normalfall mag es für einen Leser gewinnbringender sein, in einen längeren Text einzutauchen, als sich Literatur einer größeren Autorenschar in kurzen Häppchen einzuverleiben. Trotzdem: Der Kenner könnte gerade daran Gefallen finden, unter der Vielzahl der Schätze nach der versteckten kostbaren Perle zu suchen. – Nach 2000 wurde die Reihe ‚Literatur um 11' jedenfalls nicht mehr fortgesetzt. Es musste ein neuer Weg gefunden werden.

Ende 2011 entschloss sich Karl-Heinz Symon, einen Verlag zu gründen, wobei er seine Nähe zur Neuen Literarischen Gesellschaft dazu nutzte, dass auch die literarischen Produkte dieser Gesellschaft einen

weiterlesen auf Seite 110

Prof. Dr. Reinhard Brandt

Regine Wagner-Preusse

Fortsetzung von Seite 107

publizistischen Niederschlag finden könnten. Die Computertechnologie und veränderte Druckverfahren hatten den Herstellungsmodus von Büchern dahingehend verändert, dass auch kleinere Auflagen bei gleichzeitig hochwertiger Qualität realisiert werden können. Erste Veröffentlichungen seiner Verlagsgründung ‚Blaues Schloss Marburg' waren die neuen Gedichte von Ludwig Legge unter dem Titel ‚Chimären in der Warteschleife', eine Buchreihe von Elke Therre-Staal zu Hannah Arendt und satirische Geschichten von Horst Schwebel.

Zuvor wurde im Café Vetter eine Vortragsreihe von Universitätsprofessoren mit dem Titel ‚Uni im Café' ins Leben gerufen. Einige dieser Vorträge erschienen im ‚Blauen Schloss Marburg' als geistvolle, aber auch ästhetisch anspruchsvolle Einzelpublikationen. Die Publikationsreihe ‚Uni im Café' startete mit Claus Uhlig, einem emeritierten Anglistikprofessor, der im Café Vetter u. a. einen Vortrag über Jane Austen gehalten hatte und jetzt unter dem Titel ‚Jane Austens Romane. Kostüme, Dialoge und Philosophie' in einem schmucken Bändchen das Licht der Welt erblickte. Dem folgten der Gräzist Arbogast Schmitt mit ‚Homer und wir', der emeritierte Theologe Gerhard Marcel Martin mit der ‚Apokalypse' und der Romanist Hans Joachim Lope mit ‚Voltaire: Aufklärer, Literat, Europäer'. – Alle Titel der Reihe von ‚Uni im Café' können hier freilich nicht aufgeführt werden. Doch um die Spannweite dieser Reihe sichtbar zu machen, seien noch Wolfgang Drechslers Band ‚Gadamer in Marburg' und Otto Kaisers Heidegger-Vortrag sowie Christoph Friedrichs ‚Pharmaziegeschichte – ein Marburger Orchideenfach' genannt. Wolfgang Drechsler, der Sohn des ehemaligen Oberbürgermeisters Hanno Drechsler, ist Professor in Tallin, Otto Kaiser ist emeritierter Theologieprofessor und mehrfacher Ehrendoktor, des Weiteren ist Professor Christoph Friedrich Leiter des Marburger Instituts für Pharmaziegeschichte. Heidegger, Hans-Georg und Johannes Gadamer waren auf vielfältige Weise – akademisch sowie biografisch – mit Marburg verbunden und sind als Sprachphilosophen oder Wissenschaftler für eine Publikation in einer Universitätsstadt ein Muss. – Da Karl-Heinz Symon bereits zwei Jahre nach seiner Verlagsgründung bereits über dreißig Bücher herausgegeben hat, steht zu hoffen, dass die Neue Literarische Gesellschaft nun endlich eine verlegerische Heimat gefunden hat.

Kapitel 10

Fazit

Am Ende des versuchten Rückblicks auf vierzig Jahre Neue Literarische Gesellschaft steht die Hoffnung, dass diese Form der Literaturbegegnung auch in Zukunft Bestand haben möge. Gewiss würde es auch ohne die Neue Literarische Gesellschaft Lesungen von Autoren geben, deren Bücher gerade angesagt sind. Auch Krimi-Wochen dürfte es in Marburg noch weiter geben, solange das Publikum mit drei Fernsehkrimis pro Abend nicht auszukommen vermag.

Die Arbeit der Neuen Literarischen Gesellschaft ist eine andere. Im Unterschied zu Einzellesungen von Autoren wird ein breiterer und vertiefter Umgang mit Literatur angestrebt. Mit angestrebter Breite

Bild: Rüdiger Safranski

ist gemeint, dass man sich unabhängig von Trends und Moden um eine Vielzahl literarischer Ausdrucksmöglichkeiten bemüht. Dazu gehört, dass über die Landesgrenze hinaus auch andere Länder und Kulturen zu Wort kommen, bis hin zum Häuptling des mongolischen Tuwu-Stammes, der den letzten Literaturpreis bekam.

Zu einem vertieften Umgang gehört, dass Literatur nicht als ein vom Himmel gefallenes Kultobjekt zu bewundern sei, sondern dass man die reale Person, die den Text erstellt hat, in die Reflexion einbezieht. So anheimelnd eine Kaffeehaus-Situation auch sein mag, letztlich handelt es sich um eine Art Entmythologisierung, eine Gefährdung der Aura. Im Normalfall liest der Autor/die Autorin einen Text in einer von Störgeräuschen und Ablenkungen beeinflussten Atmosphäre. Am Schluss muss er oder sie sich dazu noch den Fragen des Publikums nach den Entstehungsbedingungen, dem Selbstverständnis, der literarischen Einordnung usw. stellen. Mancher Dichterfürst früherer Zeiten – Gerhard Hauptmann, Thomas Mann, Hermann Hesse – hätte sich auf eine solche unsakrale Situation womöglich niemals eingelassen. Für Hilde Domin und Durs Grünbein war sie zumindest grenzwertig.

In den Lesungen kommen die Positionen gegenwärtigen Literaturschaffens zu Wort. In den Sachvorträgen werden Fragen behandelt, die mit den Dichtern, ihrem Werk und ihrer Zeit zu tun haben. Dabei kommen Geschichte und Literaturwissenschaft ins Spiel. Die Matineen beziehen sich auf Gedenktage und Jubiläen nicht mehr lebender Persönlichkeiten, deren Werk über Lesungen von Schauspielern und Musikbeiträgen aus der jeweiligen Epoche zu Gehör gebracht wird. Ein Besucher, der etwa ein Jahrzehnt das Angebot der Neuen Literarischen Gesellschaft wahrgenommen hat, hat außer einem Einblick in die Gegenwartsliteratur über die Vorträge und Matineen vieles über nicht mehr lebende Autoren erfahren. Günstigstenfalls könnte eine gewisse Urteilsfähigkeit die Folge sein.

Die Sprache ist ein Wunderwerk. Ohne Stein und Beton, ohne Stifte und Farben vermag die Sprache Welten zu erschaffen, einzig dadurch, dass Menschen Worte aussprechen und sie zu Texten verweben.

Weshalb über Sprache Welten geschaffen werden und wie es möglich ist, durch Worte Emotionen und Reflexionen auszulösen, dürfte ihr Geheimnis sein. Dass Worte auch Unheil anrichten und Menschen und Völker in einen Abgrund reißen lassen können, hat die Geschichte gelehrt. Dass diktatorische Staaten die Vertreter des freien Wortes zu bändigen und einzuschüchtern versuchen, dafür haben die Dissidenten der DDR und anderer Ostblockstaaten den Beweis geliefert. Freilich, die Sprache ist nicht die einzige Weise, die Welt zu begreifen und sich in ihr zurechtzufinden. Gleichwohl kommt ihr im Verstehen eine exzeptionelle Rolle zu. Wo immer sich Menschen dafür einsetzen, das Wunderwerk der Sprache in Worten und Texten zu Gehör zu bringen und vor Augen zu führen, sollte man eine solche Unternehmung mit Staunen und Kritik begleiten.

Vergleicht man die Arbeit der Neuen Literarischen Gesellschaft mit den gleichzeitig an der Universität betriebenen Literaturwissenschaften, begreift man, dass der wissenschaftliche und studienbezogene Zugang freilich ein anderer ist. An der Universität geht es eher um die Vermittlung eines Kanons von Texten, welche die Studierenden der Germanistik, Anglistik, Romanistik etc. kennen müssen, die freilich – je nach der Kreativität des Literaturwissenschaftlers – neuen Interpretations- und Auslegungsmethoden unterzogen werden. Nur wenige der bei ‚Literatur um 11' vorgestellten Autoren würde man zum Kanon der jeweiligen Literaturwissenschaft zählen – Tournier zum Beispiel, dessen Robinsonroman in Frankreich Schullektüre ist, von den deutschen Autoren womöglich Grass, Walser und Kempowski. Letztlich muss eine Literaturgesellschaft in einer Universitätsstadt zum Ziel haben, neue Autoren vorzustellen, Personen, deren Werk man für würdig hält, dass sie dem Publikum präsentiert werden, auch wenn es noch nicht akademischer Lehrstoff geworden ist. Am Wagnis, hierbei erfinderisch zu sein und Autoren zu entdecken, die später als wegweisend gelten, sollte die Qualität der Arbeit einer Literarischen Gesellschaft gemessen werden.

v. o. l. nach u. r.: Dr. Rüdiger Safranski, Clemens Meyer, Eckart Henscheid, Galsan Tschinag, Dr. Heiko Postma, Prof. Dr. Horst Schwebel

o. r.: Prof. Dr. Gerhard Marcel Martin r. Mitte: Prof. Dr. Wolfgang Drechsler, u. l. hinten: Dr. Preusse mit Frau, u. r.: Gerlinde Schwebel

Kapitel 11

Gastbeiträge

Prinz Asfa-Wossen Asserate

Fußwaschung als Zeichen der Demut

Wer sich den Füßen zuwendet, der muss bereit sein, vom hohen Ross herabzusteigen, der muss sich klein machen, sich bücken, sich erniedrigen. Das fällt uns nicht immer leicht, denn es verlangt Demut, den Mut zu dienen und das wiederum setzt eine gewisse Größe voraus.

Die Füße sind unser Kontakt zur Erde, mit den Füßen bewegen wir uns durchs Leben. Dabei ist es unvermeidbar, dass sie auch befleckt und beschmutzt werden. Wir kommen auf unserem Lebensweg auch

Bild v. l. n.r. auf dem Sofa: Gräfin Dr. Gitta zu Eulenburg, Roswitha Aulenkamp, Prinz Dr. Asfa-Wossen Asserate, stehend Theodor Hoffmeyer

mit dem Unreinen in Berührung. Der Staub und Schlamm der Erde heftet sich an unsere Füße und deshalb wurden sie vielfach zum Symbol für das Befleckte und Sündhafte.

Für Muslime, Hindus und Buddhisten, und auch für äthiopische Christen, ist es üblich, an der Schwelle zu heiligen Orten, und auch Zuhause, die Schuhe auszuziehen. Man lässt so das Beschmutze quasi vor der Tür. Auch in der Bibel findet sich dieser Gedanke, als Moses sagt: „Ziehe deine Schuhe aus, denn der Ort, auf dem du stehst, ist heiliges Land."

Eine besondere Bedeutung hat in diesen Kulturen die Fußwaschung als rituelle Reinigung. In den modernen westlichen Kulturen löst die Vorstellung einer Fußwaschung oftmals Erstaunen oder Befremden aus.

In anderen Kulturen sind Fußwaschungen noch heute gang und gäbe. Sie sind ein alltägliches Ritual, das vor allem ein Zeichen des Respekts und der Wertschätzung des Nächsten ist. In meiner Heimat Äthiopien ist es vor allem auf dem Land noch heute üblich, einem ankommenden Besucher als Zeichen der Gastfreundschaft die Füße zu waschen.

In alter Zeit war der Brauch der Fußwaschung im gesamten Orient weitverbreitet. Die Wege waren staubig und Schuhwerk teuer. Die meisten waren barfuß unterwegs. Die Fußwaschung diente nicht nur der Reinigung, sondern auch der Heilung und Pflege, der durch lange Wanderungen wundgelaufenen Füße. Doch galt das Waschen der Füße eines anderen als kaum zu überbietende Demütigung. Es war Sklavenarbeit.

Und nun berichtet uns das Johannesevangelium (Joh 13, 1-20), dass Jesus von Nazareth beim letzten Abendmahl seinen Jüngern die Füße wusch, am Vorabend seines Kreuzestodes. Die Schilderung ist schlicht und doch beeindruckend: Jesus stand vom Mahl auf. Normalerweise wurde die Fußwaschung vor der Mahlzeit vorgenommen. Offenbar war auch alles zur Fußwaschung vorbereitet, Wasser, Becken und Schurz lagen bereit. Aber es hatte sich niemand gefunden, diesen niedrigsten Sklavendienst zu tun. Jesus selbst holte ihn nach.

Er legt die Oberkleider ab und umgürtet sich mit einem leinenen Tuch. Dann gießt er Wasser in das Waschbecken, wäscht den Jüngern einem nach dem anderen die Füße und trocknet sie mit dem leinenen Tuch wieder ab.

Der Herr, dem alles in die Hände gegeben ist, der zu Gott gehört und selbst Gott ist, erniedrigt sich zu einem Dienst, den nicht einmal ein jüdischer Sklave tat. All das vollzog sich schweigend und feierlich. Diese Handlung hatte etwas zu bedeuten. Auch Petrus, so wird uns in der Bibel weiter berichtet, ist erstaunt, dass der Herr Jesus ihm die Füße wäscht und nicht umgekehrt. Er will es erst gar nicht zulassen und bekommt eine bemerkenswerte Antwort: „Wenn ich dich nicht wasche, so hast du kein Teil mit mir."

Eine alte Malerei aus einem griechischen Kloster des 6. Jahrhunderts stellt uns noch mal diese Szene vor Augen: das neugierige Herandrängeln der Jünger, ihre spöttisch lächelnden oder fragend-staunenden Augen, die massive Abwehr des Petrus. Ganz anders Jesus: unbeirrbar sicher und fraglos hat er sich ein Handtuch umgebunden und ist dabei, sich zu bücken, um Petrus die Füße zu waschen. Warum nur?

„Ich habe euch ein Beispiel gegeben", sagt Jesus. Jesus gibt seinen Jüngern und damit auch uns selbstloses Dienen als Beispiel und Auftrag. Waschschüssel und Füße werden zum sprechenden Zeichen und Symbol: verachteter, alltäglicher Sklavendienst wird zum Zeichen für erbarmende Liebe. Jesus dient und gibt sich hin. Sein neues Gebot heißt: „Liebet einander, wie ich euch geliebt habe."

Christ sein heißt in diesem Sinne, sich selbst vergessen, nichts zu fordern oder zu erwarten, nicht vorne oder ganz oben stehen zu müssen, sondern Dienst leisten, der notwendig ist: für den anderen da sein, so gut ich es kann, ohne es ihm später vorzurechnen oder einzuklagen. Der Geist Jesu ist dort, wo Menschen sich selbst vergessen können, um für andere da zu sein. So gesehen ist die Fußwaschung Grundlage und gewissermaßen die Geburtsstunde christlicher Nächstenliebe.

Die hingebende und dienende Liebe Jesu ist in der katholischen

Kirche und auch bei uns, in der äthiopisch-orthodoxen Kirche, das zentrale Motiv der Abendmahlmesse vom Gründonnerstag in den Tagen vor Ostern. Die Abendmahlmesse kennt ein typisches Lied, das früher während der Fußwaschung gesungen wurde und heute als Gesang zur Gabenbereitung vorgesehen ist. Es stammt aus dem 8. Jahrhundert und lässt sich vom 1. Johannesbrief inspirieren. Der Kehrvers lautet: „Ubi caritas et amor, Deus ibi est", in deutscher Übersetzung: „Wo Güte ist und Liebe, da ist Gott." Es nimmt den Grundgedanken auf: Am Anfang steht das Bewusstsein, von Gott geliebt zu werden. Wenn wir bereit sind, uns lieben zu lassen, können wir selber Liebe weitergeben. Gottes- und Nächstenliebe sind eins.

Liebe zum Mitmenschen hat auch etwas zu tun mit unserer Haltung gegenüber dem Schmutz, den wir am anderen bemerken. Wir verzichten darauf, ihn zu verurteilen, stattdessen helfen wir ihm, nicht im Gefühl des Überlegenen, sondern in Demut, mit dem Mut zu dienen. Demut heißt, freiwillig den Weg nach unten zu gehen. Normalerweise brüsten wir uns gerne: „Ich bin größer als du, ich bin stärker als du, du bist meiner Kraft unterlegen und darum bin ich der, der bestimmt." Wenn wir jemand anderem die Füße waschen oder die Schuhe putzen, gehen wir den umgekehrten Weg, den Weg der Demut. Das ist der Weg zur Überwindung des eigenen Narzissmus. In wirklicher Demut zeigt sich das Gefühl des Einsseins mit allen anderen.

Lydia Mischkulnig
©Wien, Mai 2012

Exit Trapped Performance

Trapped. Ich muss wählen, ich kann nicht mehr wählen. Ein Sachverhalt: no go. Ein Wort: go. Soeben habe ich erfahren, dass wir keine Chance haben. Wir müssen etwas ändern, sonst explodiert der Planet. Das ist nicht einmal nur politisch gemeint. Der Funke bin ich. Ich bin die entscheidende Macht, wie ich den Ausgang für die Menschlichkeit bei aller Kontingenz plane. Meine Situation ist nicht ungünstig. Die Schlinge der supranationalen Instanzen zieht sich zwar weiter zu, aber nicht nur um mich, sondern um alle, wenn ich nicht losgehe und etwas unternehme. Was rette ich, mich oder meine Haltung, das ist hier die Frage. Mit dem Planeten wird alles Notwendige für menschliches Leben im Universum zu allen kommenden Zeiten bezeichnet. Dauernd dieser Kampf um die Freiheit, und kaum gelingt ein frühlinglicher Aufbruch in Richtung Aufklärung und Autonomie des menschlichen Subjekts, ist der Planet schon wieder im Fangnetz uns sphärisch umspülender Kapitalflüsse. Das heißt, auch die Sintflut ist von Menschen gemacht, um schmutzige Hände in Unschuld zu waschen. So weit soll es nicht wieder kommen, dass der Mensch zum Geschöpf verkommt. Also, die Kapitalflüsse werden reguliert. Auch das werden wir bewältigen, was aber folgt dann? Eine Sinnflut? Wofür würden Sie sich denn frei machen, wenn die Demokratie durchgesetzt und ihre subjektiven Rechte weltumspannend geltend wirksam wären? Stellen Sie sich Freiheit als Verhältnis, als Gegend oder als Zustand vor? Ist Freiheit gleichbedeutend mit einem endlosen Urlaub von jedweder Verpflichtung? Totale Zwanglosigkeit? Was geschieht, wenn der Urlaub als Pause zu lange dauert und Depression erregt? Wie fühlt sich dagegen das Freisein an? Ist es vergleichbar einem bezahlten Aufenthalt auf den Malediven, in den Tropen? Ist das Freisein eine Jagd, eine Safari oder eine Bergtour mit einem Gipfel zur Belohnung? Und was dann? Ist Freisein das Gefühl, es verdient zu haben? Oder kommt die Satisfaktion aus dem Wissen, Freiheit erreicht zu haben. Das Gefühl für Freisein kommt also von Innen und auch von Ihnen. Wissen Sie eigentlich, wie frei ich bin? Ich wende mich an ein Publikum, das mir mit meinen Ohren lauscht und ich sehe das Publikum mit meinen Augen im Theater meiner Kontrolle. Wenn ich eine Krise habe, ist das Theater aus, oder umgekehrt. Oft hängt dieser Moment mit den Heizungskosten zusammen und auf diese Weise mit allen Energiefragen, die uns an das universale Geschehen binden, an das Gestirn der menschlichen Erkenntniskraft, die sprudelt und so manche Ressource überdauert. Wie viele Kubikmeter beheizen Sie denn? Leben Sie auf zu großem oder zu kleinem Fuß, wie drückt sich das im Verhältnis zu Ihrer Raumhöhe aus? Schon mal überlegt, wie frei sie wären, wenn sie weniger Kubik behausen würden? Wie viel Raum braucht ein Mensch? Abgesehen von Heimatlichkeit pro Quadrat. An diesem Denkende kämen wir bei der Zelle an. Neun Quadratmeter reichen pro Nase für Gefangene, beispielsweise in Österreich. Wie viel umfasst ein Grab? Im Urlaub am Strand genügen zwei Quadratmeter auf der Sonnenliege für Personen, die ihre Freiheit als Erholung erleben und zum Faulenzen gar nicht kommen.

Schließen Sie die Augen und lauschen Sie in sich hinein, treiben Sie auf dem ozeanischen Binnensee Ihrer Seele. Das Entspannte kommt ja auch von Innen und findet in Ihnen statt. Die Entspannung buchen Sie nicht, die verfassen Sie selbst. Die unverfälschte Natur grüner Almwiesen liegt nicht im Norden Thailands, in den Ausläufern des Himalayas, wo die bunten Schirme hergestellt werden, die wir am Rand der Trockensavannen in Reih und Glied angeordnet wiederfinden, nur weil eine funktionierende Wirtschaft sie mit der Ursprünglichkeit eines farbigen Kontinents verschmolzen und die einfachen, aber freundlichen Bewohner zu einer harmonischen Tier und Pflanzenwelt naturalisiert hat. Spannen Sie selbst ab. Ihre Arbeit kommt viel teurer. Sie bezahlen für den Stoff, von dem Sie träumen, und dafür, dass Sie über den Wolken eine Geschmacksexplosion erleben durften. Das biontologische Paradies gerät zum Kuraufenthalt, wie zu Hause genauso am persischen Golf. Der Unterschied liegt in Ihrem

Erleben. Ob per Flugzeug oder durch den Glauben an den Himmel ist dabei gleichgültig. Sie können abheben, partizipieren in jeder Position, verehelicht, geschieden, verwitwet als auch ledig. Paradiese haben ausschließliche Gewalt und sie sind nicht exklusiv, sondern totalitaristisch.

Das Freisein als Resultat und gefühlter Zustand von Freiheit ist kein Paradies. Denn das Freisein ist eine Forderung nach Erfüllung, und sie lautet: Befreie dich vom Missbrauch.

Das ist kein Rat, sondern der Drive, der die Menschheit ergriffen hat. Das Dictum „zolle Respekt!" ist moralistisch, und alles was moralistisch ist, ist übergriffig. Der Satz „Befreie dich vom Missbrauch" dagegen ist ein Auftrag an sich und für andere. Das gilt sogar für die Malediven, denn, sofern diese Trauminseln nicht untergegangen sein werden, kommt der Tag, an dem die schönen maledivische Frauen nicht mehr religiös begründet den Touristenaugen entzogen sind, verbannt an ihren trostlosen, Einheimischen Strand. Die zugeschriebene, fernöstliche Sanftmut und der europäische Stresskörper sind dann zumindest durchgegendert. Die sich durchsetzende Gleichwertigkeit wird es auch zur Gleichheit bringen, sodass im Alpenraum Niesel- und Schneeurlaub von Bürgern der Malediven ausgekostet werden, wie auch das Salz der Berge in Hallstatt. Also: ich frage, was machen wir dann, wenn wir endlich Egalité leben? Wie geht es dann mit der Freiheit weiter? Freiheit in einer endlosen, freien Landschaft, befreit vom Bodenschatzraub, Grenzen und Kämpfen, was kommt danach? Die Angst vor der Weite und Zeit? Ist die Idee von Freiheit nur ein Köder, um wieder in der Falle zu landen, Käfige zu generieren? Der Speck lockt die Mäuse an. Ist Freiheit Speck? Hieß nicht in einer neoliberalen Werbung das Erfolgsrezept, weg mit dem Speck? Und wie sieht Freisein in seinen verschiedenen Graden aus? Wie frei ist ein gelähmter Mensch? Wie viel Solidarität ist notwendig, um ein Gleichmaß an Freiheit für handicapped People zu erwirken. Und wer ist disabled? Was wendet die Not? Nämlich die biedere, finanzielle. Freiheit heißt Verlangen. Somit fordere ich Ihren Beitrag. Verwechseln Sie Beitrag nicht mit Worten, denn ich meine Münze. Ihre klingende. Dafür erspare ich Ihnen, das Leben einer Dichterrolle durchzuexerzieren. Sie müssen nicht Ihr Fleisch opfern, aber einen Teil Ihrer Leistung. Hier ist der Hut. Er sitzt auf meinem Kopf und enthält mich, der als Text nicht von ungefähr ist, da Ihre Freiheit, in der Sie Ihre Kultur und Ihre Geschichte austauschen und erproben können, durch mich garantiert ist, wenn Sie mal nachdenken. Also, fragen Sie: Freiheit wofür? und diese Frage beziehen Sie mal ganz persönlich nur auf sich. Diese Übung schärft das Werkzeug, um Ihre Schmerzgrenzen freizulegen, um Ihre Empathie zu erfahren, die zum Durchbruch ins Freie verhilft und Gestaltungsmöglichkeit öffnet, die dazu dient, vom Missbrauch zu befreien.

Wie schaffen wir es aber, uns aus der Abhängigkeit voneinander, ohne jetzt die Urlaubsmöglichkeiten zu verpatzen, zu befreien? Irgendwer muss halt putzen und die Flora und Fauna bewahren, mit einfach freundlich naturbelassenen Menschen. Natur ist Sklaverei. Ich will sie nicht bewahren, ich schmeiß den Hut drauf. Es wäre vergeudet, denn uns droht allen natürlich der Tod. Dem entkommen nicht einmal Götter, weil sie Menschenwerk sind. Und doch, es gibt einen Weg, Freisein ist nichts Fixes, es ist ein Zustand, der wächst. Fangen wir bei den Kleinsten an, bei den Geringsten, bei den Ausgelieferten, die keine Rechte haben, weil sie ausgeliefert sind an den Mitmenschen. Fangen wir bei uns an, in der Stunde unseres Todes, in diese Richtung ticken wir nun einmal für immer. Fangen Sie mit ihrer Stimme an, setzen Sie sie nicht zu tief an, machen Sie sich nicht erwachsen, sondern fühlen Sie dem Kind nach, das in Ihnen drinsteckt und das Ihre Hilfe braucht, an den Tagen, an denen Sie zu alt sind, um es weiter durchs Leben zu führen. Sie verlassen es jetzt, was auch immer Sie getan haben, dieses Kind bleibt in der Welt, die Sie geben. Ich wünsche Ihnen eine gute Vorstellung!

Arthur Wagner

Prof. Dr. Dirk Kaesler

Roswitha Aulenkamp

Georg und Gabriele Ziehr

Matthias Mander

Ulrike Symon

Axel Dielmann

Professoren Horst Schwebel und Wolfgang Drechsler

Wjatscheslaw Kuprijanow

Nimm diesen Schädel, Delwig …

(Alexander Puschkin) Aus dem Russischen von Peter Steger

Der Dichter streckt wie der letzte Bettler
den eignen Schädel
den Passanten auf der Straße entgegen
vielleicht wirft ja jemand in diese seine Sammelbüchse
wenigstens einen Kleinteil seines reinen Sinns
damit das Bild des Dichters nicht mehr traurig
der Dichter spielt auf den eigenen Stirnlappen
die es dem Menschen nicht zu lügen gestatten
er will der Passanten Mitgefühl erwecken
doch seine Grimassen berühren die Passanten nicht
einzig die Leichtigkeit seines Schritts beunruhigt sie
auf ihrem Weg über die Leichen aller Bettlerdichter
in Richtung zum eignen Gipfel

Der Dichter macht Tempo beim Verfolgen
der entschwindenden Hoffnung den Sinn zu erfassen
er schlägt mit dem linken Schläfenlappen gegen Autoscheiben
doch man hält ihn da für einen Fensterputzer
und die Autos füllenden Menschen
wollen nichts weniger, als besser gesehen werden
wenn sie zur Tat fahren

An wen sich nur wenden mit seinem spirituellen Durst
dem Künstler sind Worte Laute und Gedanken gegeben
er fasst Geist und schwingt sich empor
und da schwebt er schon über den Wassern
und klopft mit seinem Schädel an die Eckwindungen
der Zerstörer, Flugzeugträger und U-Boote
ob sie nicht seinen Sinn mit ihm teilen wollen
doch das Klopfen seines Schädels versinkt in den eisernen Eingeweiden
der Ungeheuer
wo langsam im eigenen Saft
das geduldige Kommando verdaut wird

Der Dichter rennt mit beiden Hälften seines Hirns
gegen die eisernen Schläfen der Flugzeuge an
aber man hält ihn für eine Wolke in Hosen
die Autopiloten nehmen ihn nicht wahr
und die Piloten überlegen, wie sie ihre Schädel retten können
in denen die Gedanken gerichtet sind
auf den Abflug um der Landung willen

Der Betteldichter fliegt noch höher hinauf
und bittet die Gestirne um ein Almosen
plötzlich hören sie im luftleeren Raum
das Poltern seines Schädels im Ringen um den Sinn des Lebens
um den Sinn des Lebens auf diesem nicht mehr sichtbaren Punkt
auf dem höchstens noch diesen Sternen bekannten Punkt
aber vielleicht erblicken sie den Bettler im Geist des Dichters
und geben ihm seinen täglich Sinn heute
nicht im Übermaß, doch durchaus ausreichend
den spirituellen Durst zu stillen
auf dieser Erde übervoll des leidenden Leibs
klopft der Dichter an das Gehirn des Alls
und das Gehirn des Alls tropft in seine bereits leeren Augenhöhlen
der Sinn fliegt mit Lichtgeschwindigkeit durch ihn hindurch
aber niemand achtet mehr
auf sein Grab unter den Sternen

Capriccios

Goyas Ungeheuer
geboren vom Traum des Verstands
sind nichts im Vergleich
zu den Ungeheuern geboren
vom freien Auslauf des nüchternen Verstands
des ungehaltenen Verstands
seines schlaflosen Verstandeswachens
seines hochfahrenden allwachen Auges
seines belauschenden Gehörs
seines ausschnüffelnden Riechers
seiner flink-kunstfertiger Hände
seines versteckten Misstrauens gegenüber dem klaren Verstand
O Goya Goya
deine Capriccios
sind nur eine leichte Speise
die Würze
gestreut auf die Futtertraufen
der Ungeheuer des intellektuellen Fortschritts

Matthias Mander

Die Holschuld des Ökonomen

Vom richtigen Leben im falschen (nach und gegen Adorno und Sandel ...)
Referat im Wirtschaftsforum Wien, 09. 09. 2013

I

Die alltägliche Bringschuld heißt: investieren, kalkulieren, akquirieren, organisieren, terminisieren, produzieren, transportieren, fakturieren, bilanzieren – dies alles unter harten, widersprüchlichen, kaum erfüllbaren Bedingungen, also weitab vom Optimieren. Weil – so heißt es – es gäbe eben „kein richtiges Leben im falschen". Solches träfe freilich nur zu, wenn wir nicht auch unsere Holschuld bereitlegten, indem wir reflektieren, kommunizieren, kritisieren, diskutieren, korrigieren, eben innovieren! Die Bringschuld ist pünktlich zuzustellen. Die Holschuld ist auf Abruf bereit zu halten. Deren Einbringen – also grundsätzliche geistige Arbeit – sichert das persönlich richtige Leben auch im falsch kodifizierten Systemleben.

Auf Adornos berühmtesten Satz von 1947, „Es gibt kein richtiges Leben im falschen", antwortet Robert Spaemann 2012: „Das kann nicht wahr sein. Dieser Satz gehört selbst zum falschen Leben."

Aber auch 2013 müssen wir von Michael Sandel lesen: Der Marktpreis erspart uns eine Diskussion über den Wert einer Ware und ermöglicht – so wörtlich – „die Flucht vor moralischer Einschätzung und vor einem Diskurs über das richtige Leben."

Dass wir nicht wissentlich falsch leben wollen, beweist dieses heutige Treffen, um die Holschuld zu erfüllen.

II

Mein kleiner Beitrag hierzu entfaltet sich aus zwei Romanen: „Der Kasuar" aus 1979 und „Die Holschuld" aus 2012, also 33 Jahre, somit sind die Texte eine Generationenspanne voneinander entstanden. In diesem Haus wurde 1979 der Anton-Wildgans-Preis für den „Kasuar" verliehen. Dieser Roman – von der NZZ als „Durchleuchtung der Industriegesellschaft" bezeichnet – enthält folgende Zitate:

> „Industrie lässt sich mit Rohstoffen ein, mit Schwerkraft, Rückfall, Rost, zerfallenden Verbindungen, Auflösung, Zerschleifung und Bruch, mit Unwissen, Müdigkeit, ja auch mit Tücke und Bosheit. Ihre nie endende [...] Mühe, gegen den Mahlstrom der Einebnung zu arbeiten, immer wieder dem Verwittern, Abkühlen, Altern Ziele entgegenzusetzen – Industrie steht gegen Entropie, Fleiß gegen jedes Zerfließen [...]."[1]

> „Bekenntnis zu industrieller Produktionsweise, wie viel Hunger sie schon gestillt, Freiheit sie schon gebracht hat, redliche Belohnung schwieriger Lernprozesse, schmerzhafter Selbstveränderungen. Dankgefühl für ermöglichte Bewährung an dieser Aufgabe: mit der Sorgfalt des ordentlichen Kaufmanns, in Treu und Glauben, verläßlich in ferne Erdteile nützliche Metalle, Kunststoffe zu liefern. Ehrlicher Preis deckt gerade noch Risiken, enthält niemandes inhumanen Luxus."[2]

> „Innerhalb der gegenwärtig wirksamen Ordnung leben und handlungsfähig bleiben, so zugleich genug Kraft erübrigen, an einer Neuentwicklung zu arbeiten."[3]

1 Der Kasuar S. 392.
2 Der Kasuar S. 313.
3 Der Kasuar S. 288.

Und die damalige Dankrede gipfelte im Bekenntnis: „Industrie bietet jene unsere Gattung kennzeichnende Superstruktur, in der sich das Prinzip der Selbstübersteigung, des antizipierenden und transzendierenden Entwurfs zu einem eigenständigen Universum aus Wissenschaft, Technik, Ordnung und Arbeit, Risiko und Mut, Fachwissen und Menschenkenntnis entfaltet hat." – Es ist unübersehbar, dass die Wirklichkeit des Autors von der Realwirtschaft geprägt war.

Der jüngsten Veröffentlichung „Die Holschuld" (2012) sind folgende Texte entnommen:

> „Am 13. November 2008 hat der Obmann jenes Privatvereins, der die amerikanischen Bilanzbestimmungen festlegt, an Präsident George W. Bush einen Brief gesandt, unterfertigt vom Finanzminister und Zentralbankchef, mit der Aufforderung, keinesfalls am 15. November 2008, anlässlich des G-20-Weltgipfels dem Antrag der übrigen Wirtschaftsgroßmächte zuzustimmen, die amerikanische Bilanzierungsweise zu ordnen! Dort können nämlich jene Unternehmen, die eigentlich überschuldet und zahlungsunfähig sind, durch falsche Rechnungslegung immer wieder Aktien unter die Bürger bringen und sich so Geld beschaffen. Überhöhte Ausgaben werden als sogenannte ‚Umgliederungskosten' von den Aufwendungen ausgeschieden, das erhöht fiktiv den Gewinn; Beteiligungen werden zu hoch bewertet; Verlorene Werbekosten werden als stolzes ‚Marktvermögen' ausgewiesen! Das wollen die aber nicht offenlegen, deshalb drohten sie am 13. 11. 2008 den Weltführern: Internationale Bilanzierungsvorschriften, die es erschweren, nicht vorhandene Werte und Gewinne auszuweisen, ‚würden das Vertrauen der Anleger schmälern [...]'!"[4]

4 Die Holschuld S. 24.

„Verächtlich bespötteln die Kurstreiber jene Warner, die über eine humane Wirtschaftsordnung nachdenken als [...] Modernisierungsverlierer. Die hochtrabenden Diebe besetzen damit zu Unrecht den Begriff ‚Moderne'. Doch ihre Geldalchemie ist nicht modern, sondern kriminell."[5]

„Das Herumschupfen von Geldtiteln ist kein redlicher Unternehmenszweck. Das verlässliche Bankeinkommen, das die Betriebe [...] erarbeitet hatten, wurde gegen das Wetten um weltweit hüpfende Kurssprünge ausgetauscht, die mehr Gewinn versprachen. Die anfangs hohen Erwartungen in Grundstücks- und Rohstoffpapiere ließen den Börsenwert ansteigen, als die Industrie liquidiert war. Aber jetzt sind Wettpapiere wertzuberichtigen."[6]

„Der Konkurs traf mich wie ein Keulenschlag. Der Schock über meine Enteignung ist so groß, dass ich mit niemandem in meiner Umgebung darüber reden kann." –
„Mein Geld für 20 Jahre schwerster Nachtarbeit ist verschwunden. Ich ersticke vor Verzweiflung." –
„Die Unterstützung für unsere behinderte Tochter, der wir das Geld hinterlassen wollten, ist geraubt. Wir können nicht mehr beruhigt sterben." –„Jahrelang wurde uns eine solide Verwaltung vorgegaukelt, der man seine ordentlich versteuerten Ersparnisse anvertrauen kann."
„Habe mich auf Baustellen von Leberkäse-Semmeln ernährt, um für die beiden Kinder Bildungskapital anzusammeln. Das ist jetzt verschwunden."[7]

5 Die Holschuld S. 105.
6 Die Holschuld S. 166.
7 Die Holschuld S. 45.

„Klage, dass hierzulande nur ein Fünftel (!) aller Vermögensdelikte geahndet wird. Ganz abgesehen davon, dass Anlegerbetrug von der Anzahl der Kriminalfälle her nur ein Prozent ausmacht, vom Schadensausmaß her aber über dreißig Prozent aller Entwendungen beträgt.“[8]
„Diese vielen gutmütigen, geduldigen, arglosen Leute dort draußen, die alle diese Höhen und Hänge, Talschaften, Flußauen, Ackerebenen, Gewerbeflächen, Fabriksiedlungen [...] beleben, die tagtäglich ihre Arbeiten ableisten, berechenbar bleiben, pünktlich sind, sorgsam, sparsam, geduldig inmitten von Unwissenheit, Einflusslosigkeit, Unbeachtetheit – sie sind es überwiegend, die jene Werte schaffen, die dann alle beanspruchen dürfen, mit Anteilszetteln namens Geld.“[9]

„Wird Einkommen angestrebt entweder durch redliches Herstellen und Leisten des Benötigten [...] oder aber durch listiges Umverteilen papierener Ansprüche auf bereits von anderen geschaffene Werte? Darauf prüfe ich jeden Geschäftsfall.“[10]

„Ich möchte [...] eine Wirtschaftsordnung – ohne irrige Ansätze, falsche Zurechnungen, verkehrte Entscheidungen.“[11]

III

In den 33 Jahren zwischen „Kasuar“ und „Holschuld“ erfolgte die Machtübernahme der Irrealwirtschaft über die Realwirtschaft, begleitet von allgemeinem Ernsthaftigkeitsverlust. Nobelpreisträger Paul Krugmann behauptet sogar, dass die Makroökonomie in den

8 Die Holschuld S. 37.
9 Die Holschuld S. 164.
10 Die Holschuld S. 78.
11 Die Holschuld S. 272.

vergangenen 30 Jahren im besten Fall nutzlos und im schlimmsten Fall schädlich gewesen sei. Ihm zufolge sind Ökonomen blind für das verhängnisvolle makroökonomische Versagen geworden, weil sie die Eleganz theoretischer Modelle für Wahrheit gehalten haben. Er und Nobelpreisträger Ronald Coase beklagen die Vernachlässigung des Erbes ihres Berufsstandes – eine Tradition, die mindestens bis zu Adam Smith zurückreicht – in der großen, zusammenführenden Theorien der politischen Ökonomie und Moralphilosophie große Bedeutung beigemessen wurde.

Betrachten wir deren Bezug zu den vier aktuellen wirtschaftswissenschaftlichen Kategorien:

1. Mikroökonomie untersucht die Handlungsweisen von Haushalten und Unternehmen.

2. Makroökonomie erkundet Strukturen und Entscheidungen auf nationaler und globaler Ebene.

3. Mesoökonomie befasst sich mit institutionellen Aspekten der Wirtschaft, die nicht von der Mikro- und Makroökonomie erfasst werden, weil diese vollkommene Konkurrenz und Information voraussetzen und die Bedeutung von Gerichten, Parteien und Konfessionen ignorieren, ein wichtiges Erklärungsfeld: Familien, Zivilgesellschaft, soziales Regelsystem, Vertragskultur usw.

4. Die Metaökonomie schließlich begreift die Wirtschaft als komplexes, interaktives, ganzheitliches, lebendiges System, sie verlangt einen unvoreingenommenen systemischen und evolutionären Ansatz, um die Realwirtschaft als System innerhalb anderer Systeme zu erkennen.

Der britische Ökonom Fritz Schumacher fordert Elemente der Moralphilosophie, Psychologie, Anthropologie, Soziologie ein, wodurch die metaökonomische Einwirkung über die Grenzen der allzu simplen und kurzfristigen Gewinnmaximierung und nur individueller Rationalität hinausgeht. – Die Stoßrichtung ist deutlich.

Ich erwähne hier zwei schlechte und zwei gute Beispiele für Unternehmertum:

Zuerst die zwei schlechten:

1. Wiedergabe des Enronskandals von 2000 bis 2002 in einem Satz: Die niedergewirtschaftete und intern ausgeraubte texanische Erdöl- und Erdgasfirma gründete Töchter, denen sie Know-How-Rechte verkaufte, worauf sie diese Forderungen im Bilanzvermögen der Mutter auswiesen und so jahrelang Solvenz zeigten, um immer wieder mit jungen Aktien real erarbeitetes Vermögen Fremder anzulocken. Am späten Ende standen für die direkten Opfer über 60 Milliarden $ Börsenwertvernichtung und 7 Milliarden $ Schadensersatzzahlungen, 22.000 Jobverluste. Und auch der Schlag gegen Arthur Anderson …

2. Amerikanische Banken haben Millionen Briefe an Hausbesitzer ausgeschickt, dass sie wegen gestiegener Immobilienpreise zusätzliche Kredite aufnehmen können und sollen. Die so Eingeladenen verschuldeten sich weiter – für Konsum – die Banken schöpften weiteres Buchgeld, erhöhten ihre Umsätze und Habenzinsen, ihr Forderungsvermögen, sogar das BNP stieg nominell ohne dass dahinter reale Leistungen und Werte

gestanden hätten. Ganz abgesehen davon, dass diese virulenten virtuellen Forderungen auch noch gebündelt und transkontinental gehandelt wurden ... Dieses Vorgehen brach kein Gesetz! Die Banker steigerten im Rahmen ihrer Begriffswelt das Geschäft. Und doch war es eine Fehlleistung, die national und international verheerende Schäden auch vielen Unbeteiligten zufügte.

Solche Inflationierung durch produktionslose Geldschöpfung löste das globale Banken-, Staaten-, Fiskal- und Sozialdesaster aus, das wir jetzt erleiden. Allein die österreichischen Sparer erlitten von 2010 bis 2012 einen Realzinsverlust – also Zinsertrag minus KEST minus Inflation von 10 Milliarden Euro! Ganz abgesehen von den Krisenkosten, die sie ohnehin als Steuerzahler tragen.

Nun die zwei guten Beispiele:

1. Als Henry Ford I vor 100 Jahren von seinen Schrauben- und Gummilieferanten genau geformte und dimensionierte Verpackungskisten verlangte, rätselte man über diese Marotte des genialen Firmengründers, bis offenkundig wurde, dass diese Kistenbretter genau als Bodenplatten in seine Autos passten...

2. Als für die Olympischen Spiele 1972 in München ein 84.000 m2 großes, gemeinsames Dach für alle Spielstätten zu bauen war, gewann die internationale Ausschreibung ein Hersteller mit dem Konzept, diese riesige Dachhaut nicht erst auf ein mühsam zu errichtendes riesiges Montagegerüst aufzulegen, sondern sie so wie einen Regenschirm zwischen den fertigen Pylonen aufzuspannen ...

Die schlechten und die guten Beispiele sind legistisch kaum fassbar. Es ist bis zu den charakterlichen Prägungen vorzudringen.

IV

Vor hundert Jahren wurden der Welt drei Großleistungen geschenkt: Der Berner Patentamtmitarbeiter Albert Einstein legte 1905 und 1916 die Relativitätstheorie vor, der wir unser zutreffendes Weltbild verdanken, was nicht nur für unser räumliches, sondern auch für das existentielle Bewusstsein und Selbstverständnis ultimativ ist. – Der russische Reformpolitiker Pjotr Stolypin, Ministerpräsident, legte 1910 den Plan einer permanenten Weltkonferenz vor, die angebliche Kriegsanlässe vernünftig beilegen wird. Er wurde dafür 1911 von militaristischen Reaktionären wahrscheinlich mit Wissen des Zaren ermordet. – Der Pastor, Orgelvirtuose und Arzt Albert Schweitzer entwickelte 1915 die universale Ethikformel „Ehrfurcht vor dem Leben", auf der überkonfessionell das oberste Gebot gegründet ist.

Da der Großteil des konkreten Weltverlaufs von der Wirtschaftswirklichkeit geprägt ist, bietet diese auch die größte erfolgversprechende Spiegel- und Entfaltungsfläche für neues Gestalten schicksalhafter Bedingungen!

Alle drei Erkenntnisdurchbrüche sind heute, 100 Jahre später, noch immer nicht allgemein internalisiert oder gar realisiert.

Der österreichische Dichter Hermann Broch, der immerhin 20 Jahre die Textilfabrik geführt, im Schlichtungsamt, Arbeitsamt, Gewerbegericht gearbeitet sowie bahnbrechende soziale Neuerungen in seinem Betriebsort an der Triesting eingeführt hatte, sandte nach dem 2. Weltkrieg seinen Roman „Der Tod des Vergil" an Albert Einstein. Dieser antwortete begeistert, aber auch selbstkritisch betroffen:

> „Dieses Buch zeigt mir deutlich, wovor ich geflohen bin, als ich mich mit Haut und Haar der Wissenschaft verschrieb: Flucht vom Ich und Wir in das Es […]."

Diese packende Selbsterkenntnis der höchsten Wissenschaftsgestalt führt uns zur entscheidenden Einsicht: Diese Flucht vom Ich und Wir zum Es ist auf niedriger, vulgärer Ebene überhaupt eine epochenspezifische Fehlleistung, ist eine Versuchung auch für die Ökonomie.
Die Ökonomie jedoch scheint nach allem Gesagten, die erste und vorderste der real relevanten Disziplinen zu sein, die dieses mechanistische Modell praktisch jetzt schon zu überwinden im Begriff ist. Und zwar aus immanenter Reifung und Überzeugung, wie die Aussagen der Metaökonomen und das Verhalten der allermeisten Geschäftsführer beweisen.

„Wenn sogar das Ego zum Es wird, wird die Materie zur ausschließlichen Substanz öffentlicher Wirklichkeit."
(Herbert Pietschmann, 2005).v

Unternehmensführung in systemtheoretischer Sicht beginnt mit der Formulierung des Unternehmenszwecks – und dieser muss außerhalb des Systems liegen und ethisch im weiteren Sinne wünschenswert sein. Erst dann können interne Unternehmensziele bestimmt werden, Umsatz, Arbeitsplätze, Gewinn usw.

> „Mit der Wahl des Wortes Endzweck ist ein moralischer Ansatz in die Betrachtung gekommen, der freilich nicht ein moralisches Dilettieren gegen das ökonomische Prinzip sein darf. Es gilt der umkehrbare Satz: Unwirtschaftlich ist auch unmoralisch!"[12]

Der schon zitierte 86-jährige Philosoph Robert Spaemann bekennt 2012:

> „Meine Grundhaltung gegenüber der Wirklichkeit ist in

12 Wüstungen S. 169.

einem Grundvertrauen fundiert, das ich nicht der Philosophie verdanke. Ähnliches gilt für die katholische Morallehre. Ich könnte ihretwegen katholisch werden, wenn ich es nicht schon wäre."[13]

In meinem Roman „Wüstungen" steht:

„Wie eine gerechte Weltökonomie aussähe, wäre noch durchzudenken und durchzurechnen, diese Kalkulation würde grandios aufgehen."[14]

Die heutige Holschuld des Ökonomen lautet somit:

1. Die offensichtliche Hauptverantwortlichkeit für den praktischen Lebensinhalt der Vielen anerkennen und wahrnehmen,

2. hierfür auch normativen Einfluss beanspruchen (z. B. Bildungswesen!),

3. den ganzheitlichen Ansatz der genannten Metaökonomie auch als Haushalts- und Unternehmensvorstand übernehmen, d.h.

4. die tägliche Bringschuld auch mit moralischer Inspiration leisten sowie

5. eigeninitiativ die Fehlentwicklungen im Wirtschaftssektor korrigieren (z. B. Finanzmarktreform!).

Die nun beginnende Beratung hierüber ist gewiss im weitesten Sinn rentabel! Und sie zählt zu den Inhalten des richtigen Lebens!

13 303.
14 Wüstungen S. 329.

Czernin Verlag
Matthias Mander
Garanas
oder
Die
Roman
Matthias Mander
ROMAN
DER BRÜCKENFALL
oder Das Drehherz
Matthias Mander
Der Kasuar
Roman
Styria
Matthias Mander
DAS TUCH DER GEIGER
Erzählungen
Literatur heute
Czernin
DIE HOLSCHULD ODER GARANASER FILAMENTE
Matthias Mander
Roman
Matthias Mander
Der Sog
Roman
Styria
Matthias Mander
Cilia
oder
Der Irrgast
Roman
Styria

o. l.: Walter Kempowski und Gabriele Ziehr, r. o. Eckhard Holzgrefe und Prof. Jungraithmeyr, M. l. Kristin Seeber, M. r.: Ludwig Legge und Dr. Christean Wagner mit Frau, u. l.: Dr. Gerhard List und Frau Ulrike, u. r.: Ludwig Legge und Friedrich Bohl

Wilhelm Georg Ziehr

Als ob unsere Endlichkeit aufstiege
in einen unbewachten Himmel
über der viel weiter entfernten Welten.
Nichts sendet sich wirklich aus in die Weite
dorthin,
wo die Sichtbarkeit schwindet
und wonach nur noch der Kristall
in der Hand des denkenden Menschen
zu befragen wäre.

Was vor uns liegt,
wirkt unbestimmt
und kann unsre Worte nicht finden,
bereits vor der Mauer der Zeit
erfaßt uns deshalb die Leere.
ihren Grenzverlauf
stelle ich fest,
ich muß ihn umgehen,
der freien Verse willen.

Zum 40. Wiegenfest

Anläßlich des 40. Geburtstages der Neuen Literarischen Gesellschaft e.V. Marburg teilt gratulierend mit und gibt zu bedenken und bestätigt für dieses Jahr und die nächsten Dezennien:

„Der einzige Reim auf Menschheit,
Ist nun mal – das beißt die Maus keinen Faden ab -
Eckard Henscheid."

Derselbe, zudem geboren an einem doppelten Palindrom 14.9.1941 bzw. 14.9.41. Also praktisch von Gott gesandt.

Hugo Schanovsky

GRINZING IN CHINA

In China soll kein Werndorf
wie das Wiener Grinzing
gegründet werden –
aber dennoch will man
Grinzing nach China
bringen

Hallstatt hat
den Anfang gemacht.
Der schöne Salzkammergutort
wurde bildlich nachgemacht.
Nun kommt Grinzing dran.
Allerdings stellen die Chinesen
die Forderung
Die Gänse von Grinzing
ein Wahrzeichen des Ortes
müssen dabei sein.

Wenn die bildliche Kopie
von Grinzing
gut ausfallen soll,
werden die Grinzinger Gänse
Konkurrenten
der Peking Ente.

Kapitel 12

Marburger Lyriker

*G*erhard Marcel Martin *J*ustus Noll *F*riedrich G. Paff *B*rigitte Probst *P*eter Jürgen Rieckhoff *M*laden Rupec *R*einhard Spalke *E*lke Therre-Staal *A*ntje Welz *H*eike Willig

Anthologie
Blütenlese
ἀνθολογία
anthología
Florilegium

Marzipaneier-Nugateier
Café Vetter

Gerhard Marcel Martin

Denken

Ameisenstraßen
durchs Gehirn
auf den Borken
der Erinnerung
Säuren und Düften entlang
Brotrestetransporte
ins Ungewisse
zur Königin

Sommerlicht

Vogelschatten
fallen die Mauern
hinauf und hinab.

Jeder Vogel,
der fliegt,
hat eine schwarze Schwester,
die fällt.

Mitte des Lebens

Früher Herbst.
Sturm
bläst durch den
Lebensmantel.

Leere die Taschen.
Kremple die Ärmel um.
Schau dir die Bilder
in der Brieftasche an.
Nähe die Knöpfe fest,
dass dir der Spielraum
nicht reißt.

Justus Noll

EIN KOFFER! SO EIN
KOFFER! SO EIN SO!
EI!
SO!
EI!
SO!

EIN KOFFER! SO EIN
KOFFER! SO EIN EI!
SO!
EI!
SO!
EI!

Ich will, ich will meinen Koffer in ein Gepäckschließfach auf dem Bahnhof einschließen. Mein Koffer ist kräftig, mittelgroß und sieht sehr jung aus. Irgendetwas muß ich falsch gemacht haben – jedenfalls sitze ich plötzlich im Schließfach und mein Koffer steht draußen. Die Türe fällt zu, der Schlüssel knirscht – ich höre, wie mein Koffer kurz auflacht und dann weggeht. Stille. Überhaupt nicht lustig, sowas. Nach 72 Stunden wird ein Schließfach automatisch von der Gepäckaufbewahrung geöffnet. Man holt mich raus, klebt mir eine Nummer auf – dann stehe ich zwischen Koffern und Paketen und, ja, gottseidank, enchanté! neben einer charmanten kleinen

Reisetasche.

Hallo, hallo, hallo. Inzwischen macht mir das Warten nichts mehr aus. Auf einmal kommt mein Koffer an den Schalter und zeigt den Beamten den Schlüssel vom Schließfach. Mein Koffer sieht wirklich fesch aus! Ich bin richtig stolz auf ihn. Der Beamte nimmt mich am Griff und händigt mich meinem Koffer aus. Zu Hause werde ich ausgepackt und auf einen Schrank gestellt. Ich brauche weder zu essen noch zu arbeiten. Meine Haut hat einen eleganten, schweinsledernen Ton und jeder sagt zu Herrchen: “Mensch, hast du einen schönen Koffer! Er wirkt so menschlich.” Menschlich, menschlich, menschlich, menschlich, menschlich, menschlich, menschlich, menschlich, menschlich.

Menschlich.

Friedrich G. Paff

Die weiße Stadt

Ich war in der weißen Stadt
frag nicht, wo sie liegt
schneebedeckt sind die Berge
gewaltig und hoch
vor denen sie in der Ebene
unübersehbar weit sich erstreckt
verwinkelt, voller Gassen
als du über die Brücke wolltest
an der sie bauten, aufgerissen der Asphalt
die letzte Strecke nur Sand
mußtest du zurück
die Schlangen seitwärts im Sand
die Wächter der Brücke
schlugen nach dir
still kamen sie herangekrochen
in dieser Stadt das weißt du
leben alle deine Geheimnisse
die gelebten und die ungelebten Stunden
die Institute tragen hier keine Namen
die Pubertierenden sitzen hier auf den Geländern
sie haben das Leben noch vor sich
in dieser Stadt kommt man nicht an
diese Stadt verläßt man auch nicht
auch wenn man nicht weiß
wo sie sich befindet
es gibt keine Stadt
in der sie nicht ist
die weiße Stadt weißt du
ich komme aus ihr
der ich sie nie verlasse
immer in ihr bin
im Schatten ihrer Mauern
wuchs ich auf, ihren Fluß
hab ich nie gesehen
ich bin nie über die Brücke gegangen

all meine Geschichten kehren des morgens
die Straßenfeger hinweg
wenn mich einer fragt
wo bist du zu Haus
was soll ich ihm antworten
nur in der weißen Stadt das weiß ich
hier hab ich dich zuletzt getroffen
hier traf ich ihn und ihn und sie
wir sprachen wie wir sonst nie sprachen
wir lebten wie es sonst kein Leben gibt
alles ist neu und selbst das ganz alte
ist hier zugegen wie für immer verwandelt
nichts ist vorbestimmt und doch
alles kommt an, selbst die vergessenen Schritte
die abgelegten Ängste, Schatten und das erste Tasten
bleibt das erste Tasten hier, wird nicht senil verwanzt
die Stadtpläne wechseln täglich das stimmt
aber die Stadt bleibt, was sie ist
ich bin ein Bewohner der weißen Stadt
mein Paß lügt, egal was sie da eintragen
die Adresse der weißen Stadt das bin ich
nur wen ich hier treffe, dem vertraue ich
all meine Freunde sind da, es sind nicht viele
was macht's, daß der tot ist, hier sind alle zugegen
und einsam des morgens geh ich zur Brücke
hinter mir die Gassen mit ihren nächtlichen Schreien
soll ich wieder zum Fluß, durch den Sand zu den Schlangen
ich bin ein Bewohner der weißen Stadt
niemandem kann ich es sagen
dir kann ich es sagen
ich komme aus der weißen Stadt
die ich nie betrat und aus der
ich doch nie herauskam
unter deren Schnee ich immer lebe
im Angesicht der Schlangen
die die Brücke bewachen
über die ich nie ging
nur meine Füße wuchsen
immer tiefer in den Sand

Brigitte Probst

Café Vetter

Willst du gelassen plaudern mit geschätzten Freunden
Dann tritt doch ein in diesen Tempel süßer Freuden
Wo Kuchengabeln leise klappernd dir verheißen:
Gleich kannst du lustvoll in ein Sahnestückchen beißen
Wo Intellektuelle ihre Hörnchen in heiße Schokolade
tunken fühlt man sich im Charme vergangener Jahre still versunken

Bei herrlich frischem Kaffeeduft zu Baiser und Schokotorte
Sitzt da ein Liebespaar, in der Veranda verschwiegenem Orte
Wo findet man, ich frage Sie, so leicht eine Bekanntschaft
Wie unter dem Bild von Vetters Zuckerbäckermannschaft?
Sagen Sie ehrlich, an keinem Ort können Sie das netter
als zu Marburg an der Lahn in unsrem Café Vetter

Wo bange Doktoranden ihre Arbeit letztmalig korrigieren
Und flinke Fräuleins uns ein Sektfrühstück servieren
Da trifft sich Legges Literatenkreis sonntäglich in der Frühe
Und manch ein Chansonier gibt sich viel Mühe
Mit Brahms und Bach am alten Flügel zu brillieren
Während weiße Häupter das Weltgeschehen diskutieren

Sagen Sie ehrlich, wo kann man es anderen Ortes finden,
Dass Kaffeehauspalmen sich im beleuchteten Terrarium winden?
Wo sitzt man so klaglos noch auf etwas unbequemen Stühlen
Kann sich mit Blick auf Marburg ganz Herr der Lage fühlen?
An keinem Ort, gestehen Sie, können Sie das jemals netter
Als zu Marburg an der Lahn in unsrem guten alten Café Vetter

Peter Jürgen Rieckhoff

MAI 1993

Jetzt schließt sich ein kreis
jahrzehnte lebens.

Behütetes kindsein
im ansatz
nomadisch.

Heranwachsen träumend erfolgsverwöhnt
von heimlicher lustangst zerrissen gewalt
am eingang des selbst-seins versagen.

Trotz heldenträumen gnädig bewahrt
versuch ich an zeitstromstrudeln
ein haus zu erbauen.

Im griechenlande zerbrechen entwürfe.
Gelungene heimkehr
zu neuer erfüllung heimat.

Bedroht von tödlicher krankheit
gewinn ich auf schmalerem boden
begrenztere andere zukunft

gedämpfte kräfte erweiterte aussicht
erfahre fernere länder versammle
geschwister kinder bald spielen enkel

im vorzeitig blühenden sommergarten
geschenke musik anklingende gläser
hier schließen sich kreise.

Absehbarer wird das ende.
Wetterleuchtende horizonte.
Danke

Dem unbekannten …!

EVOLUTION

Warum konnten wir nicht
einfach bleiben
stein und wasser amöben
beheizt von der sonne?

Woher das bedürfnis
zusammenzuwachsen
moos oder wurm
pflanze und tier
unersättlich zu fressen
futter zu werden?

Unumkehrbar dies alles
leben hin zum sterben
da droht uns
angst vor allem
dies zu verlieren
an wen?

Götter dämonen
gaben und leben
schufen den tod
Wer sonst?

Also beten!
Zu wem?
So
wurden wir menschen
fürchtend betend
aus angst vor dem nichts
so
schufen wir götter und gott
nach unseren bildern

Peter Jürgen Rieckhofff

Mladen Rupec

Ruhiger Herbsttag

Ein Blatt fällt ab,
für immer.

Umsonst

Zwischen den Lippen
Ein Wort.
So werden die Schreie geflüstert.

Entriegelt ist die Zeit,

dazwischen
das lange Warten
auf den Bahnhöfen
der Erinnerung.

Geschichten der Bäume

Aus der Erinnerung
an Äxte
an Liebessprüche,
in die Haut geritzt.
Runen,
die niemand entzaubert
und niemand versteht.

Chance

Das Holzmehl
aus den Händen der Säger
schreitet
die Zukunft
keimender Bäume
ab.

Blumenteppich –
unsichtbare Kriege
der
Wurzeln.

Sie liegen im Tod noch umschlungen
und wollen einander verstehen,
sie sprechen von Sinn und Vergehen
von Blicken durchschaut und durch-
drungen.

Und spannen ein Netz für den Fall
und heben das Wort aus dem Sagen,
verstümmelt in eigenen Fragen,
sie tragen sich selbst durch den Wall.

Reinhard Spalke

Der eingebildete Schmetterling

Juni. Ein Nachmittag im verwilderten Garten. Sonnenglanz.
Da erhebt sich und schwebt und tanzt einer der schönsten Schmetterlinge, wärmegetragen sich spiegelnd im schattigen Wasser.
„Was bin ich doch für ein schönes Geschöpf!" Er sagt es sich selbst zu, halblaut, und faltet die ausgeschmückten Flügel nach Osten.
Da verharren alle anderen Tiere der Wiese, die Bienen und Hummeln, ja, sogar die Wespe. Und der biedere Käfer von seiner Krume herauf wendet sich an den Schönen: „Einen guten Tag wünsch´ ich, aber, Euer Gnaden, komme nun lieber wieder herunter, denn es will Abend werden und die Schwalben fliegen tief!"
„Was bedeutet der Abend? Was bedeuten die Schwalben? Nach all der Verwandlung? Ihr törichten Tiere, hört, was ich euch sage: Von Osten kommt mir ein Traum und ich träume, ich wäre ein weiser Mann, Tschuang-tse genannt, und nun weiß ich nicht, bin ich ein Schmetterling, der träumt, er sei der Weise, oder bin ich Tschuang-tse, der träumt, er sei ein Schmetterling."
„Vorsicht!" schrie da der Mistkäfer Mielke, aber … zu spät!
Im geschwungenen Fluge hat die Schwalbe den Schönen geschnäbelt.
So wird manches Problem auf rasche Weise gelöst.
Mielke rollt inzwischen seine Mistkugel ins heimatliche Revier, kratzt sich nachdenklich mit dem Fühler die Platte und spricht bedauernd zu den Bienen und Hummeln:
„Nun werden wir nie erfahren, wer der Gefressene wirklich gewesen ist."
So tief aufgewühlt hat ihn diese Geschichte.

Elke Therre-Staal

Baum-Ich

Wär ich ein Baum, würd Blätter tragen
Vieltausendmal dem Himmel zugewandt,
und jedes Zweiglein, jeder Ast wär ICH.

Vertrauend würde ich die Freiheit wagen,
ganz nah am Meer an einer Klippe Rand
mich tief ins Erdreich einzugraben.

Aus meiner Mitte Stamm nach unten treiben.
Den Halt in Schiefer, Sand, Geröll mir schaffen,
vereinen, was nach außen strebt, umkreisen,

binden, auf dass nichts rutsche und das bleibe,
was meine Wurzeln tasten,
böte jenen Schutz und Wohnrecht an,
die treu in ihrem Leben,
von Kiefern, Palmen sängen
und von fernen Ländern.
Durchreisende und Heimgekehrte.

So wäre ich
Standort und Hort.
Ein Baum am Meer.

Und ohne Wort
nähme der Wind mir
alles Schwere fort.

Antje Welz

Entblätterte Zeit

Es dümpelt das Jahr durch die letzten Tage,
zerfranst der einst pralle Abreißkalender,
zählbar die Blätter, locker, lose,
ein Zeitenverschwender
in gleichgültiger Vernichtungspose.

Tapfer ziehen wir dran weiter,
verkürzen die Tage unseres Lebens,
irgendwann wartet
ein Blatt drauf vergebens.

Zerfleddert, geschreddert, verschwunden.

Neu geklebt,
neu gebunden
zum Vernichten für Tage,
die man gelebt.

Wie neugeboren hängt er da,
in ungerührter Sichtbarkeit:

„Hallo, ich bin's,
dein entseelter Verschwender,
dein Entblätterer der Zeit,
dein Abreißkalender!"

Heike Willig

Was bleibt

Düfte des Sommerabends, herb
der Grasschnitt und süß
der Jasmin; das Licht webt
Dunst über den Horizont,
und die Konturen verschmelzen.

Sirren der Rasensprenger in
tuchschmalen Vorgärten,
Hundegebell und Stimmen
der Menschen tief in der
Kühle der Häuser.

Unermüdet die Vögel, ihre
Lieder setzen die letzten
Sprossen zum Himmel: als Kind
glaubte ich, jetzt schreite
Engel knapp an den Menschen vorbei.

Ein anderes Paradiesgärtlein

Im wechselnden Licht umspringt
dich der Schatten: leicht da wird
dein zäher Schritt Lügen gestraft –
indes die Spur mit Wasser sich
füllt und Laub haftet am Schuh.

Von Fortuna blieb der Leib
auf rollender Kugel,
Sohlen im Tanz noch gestreckt –
den Kopf sucht manchmal der
Wind, die Wangen zu streicheln.

Spinnen weben im Fenstergeviert, der
Häher kreischt und schmeißt Ziegel
vom Dach. Ein Schlag mit dem Türring
verhallt; Efeu bindet sacht deinen
Fuß auf zerborstener Schwelle.

Kapitel 13

Uni im Café
Verlag Blaues Schloss

Arbogast Schmitt

Uni im Café

Mit der Reihe ‚Uni im Café' besitzt Marburg eine Besonderheit, die sie vor vielen anderen Städten auszeichnet (und oft vor wesentlich größeren) und um die sie auch von vielen beneidet wird.

Natürlich gibt es vielfache Verbindungen von Uni und Stadt an vielen Orten. Auch Marburg hat z.B. ein sehr attraktives Studium Generale. In jedem Semester wählt ein Fach oder eine Fächergruppe ein aktuelles Thema und lädt dazu führende Forscher ein, die neue Ergebnisse so vortragen, dass auch Nichtfachleute folgen können. Von diesen und ähnlichen Unternehmungen unterscheidet sich ‚Uni im Café' schon durch die Atmosphäre. Man geht nicht in einen kalten

Bild: Prof. Dr. Otto Kaiser und Karl-Heinz Barthelmes

Hörsaal und begibt sich in die Welt der Wissenschaft, sondern sitzt am Sonntagmorgen in der schönen Umgebung eines alteingesessenen Cafés und hört bei Tee und Kaffee zu, meist in der angenehmen Runde guter Bekannter. Auch wenn diese Runde je nach Thema immer wieder neue Interessenten dazugewinnt, aufs Ganze gesehen ist sie eine in der Tradition vieler Jahre zusammengewachsene Gemeinschaft, und nicht irgendeine Gemeinschaft, sondern eine Gemeinschaft von Liebhabern der Literatur, die durch die wöchentlichen Sitzungen zu Kennern fast aller wichtigen Strömungen und Autoren der Gegenwart geworden sind. Diesen außergewöhnlichen Vorzug verdankt Marburg dem intensiven Engagement des Leiters der Neuen Literarischen Gesellschaft, Ludwig Legge, der als Autor und Redakteur nicht nur über eine große Kenntnis der nationalen wie internationalen ‚literarischen Szene' verfügt, sondern vor allem mit vielen wichtigen Autoren persönliche Kontakte, ja Freundschaften pflegt. So ist es ihm möglich geworden, ins kleine Marburg Gäste einzuladen, um die sich weit größere Städte vergeblich bemüht hatten.

Es war ein ebenso kluger wie fruchtbarer Gedanke Legges, diese von ihm wesentlich mit geschaffenen Bedingungen zu nutzen, um neben der aktuellen Literatur auch die aktuelle Forschung ins Café zu holen, um so mit der Atmosphäre des Cafés noch die Atmosphäre einer zusammengewachsenen Gruppe von Menschen mit ähnlichen Voraussetzungen und Neigungen zu verbinden. Das schafft, wie sich inzwischen vielfach gezeigt und bewährt hat, eine ganz besondere Offenheit und Bereitschaft zum Gespräch, die im Hörsaal, wo die Barriere von Pult und Auditorium nie ganz verschwindet, kaum je in dieser Weise zu finden ist. Man kann in einem gewissen Sinn die Marburger Institution ‚Uni im Café' als eine moderne Form der früheren literarischen Salons bezeichnen. Hier ist es nicht mehr eine ausgewählte kleine Elite, die sich mit den besten Köpfen aus Kunst und Wissenschaft zum gemeinsamen Gespräch trifft, aber es ist eine demokratische, selbstbestimmte Elite, die durch gemeinsame Interessen gebildet ist. In vielen Veranstaltungen konnte man immer wieder mit Bewunderung erfahren, wie intensiv, engagiert und kreativ die

Diskussion zwischen dem Vortragenden Forscher und den Hörern geführt wurde, die weit mehr eine Gesprächsrunde als eine Wissenschaftler-Laien-Beziehung war. Das Interesse an den jeweiligen Themen war bald so groß, dass der Wunsch entstand, wenigstens einzelne dieser Vorträge und Gesprächsthemen zu veröffentlichen und in einer Reihe, eben der Reihe ‚Uni im Café' zusammenzufassen. Für dieses Unternehmen bot der Verlag Blaues Schloss mit seinem Leiter Karl -Heinz Symon hervorragende Bedingungen. Die inzwischen erschienenen, hoch attraktiv gestalteten und dennoch preiswerten Bände sind im Buchhandel erhältlich und haben reichen Zuspruch erfahren. Man kann dem Verlag und der Neuen Literarischen Gesellschaft zum Erfolg dieser Unternehmung nur gratulieren und das Lob mit dem altrömischen Wunsch verbinden: quod sit bonum, faustum, felix fortunatumque!

Arbogast Schmitt hielt den Vortrag „Homer und wir", erschienen als Band 3 der Reihe "Uni im Café" - Verlag Blaues Schloss -

Heinz-Joachim Müllenbrock

Marburger Impressionen

Als ich Anfang Januar 2013 zu meinem Vortrag über das Thema "George Orwell – aktueller denn je" in das winterliche Marburg kam, bedeutete das selbst für mich alten Vortragshasen das Erlebnis einer echten Jungfernrede. Ich hatte noch nie in einem Café gesprochen, und die Einladung ins Café Vetter empfand ich nicht nur als ehrenvoll, sondern zugleich verlockend, weil ich ein passionierter Liebhaber von Kaffeehäusern – zumal traditionsreichen – bin. Die Atmosphäre während des Vortrags vor einem nach meinem Eindruck recht erwartungsvoll gestimmten Publikum – bei Orwell rechnet man wohl immer mit einem gewissen Zündstoff – war angenehm, wenn auch das Loblied auf Orwell als Verfechter der Meinungsfreiheit zwangsläufig unvermeidlich kritische Seitenblicke auf flagrante Defizite in

weiterlesen auf Seite 165

Prof. Dr. Claus Uhlig

Prof. Dr. Ralph Backhaus

Prof. Dr. Wolfgang Müller

Prof. Dr. Wolfgang Drechsler

Prof. Dr. Arbogast Schmitt

Prof. Dr. Gerhard Marcel Martin

Prof. Dr. Hans-Joachim Lope

Prof. Dr. Heinz-Joachim Müllenbrock

Prof. Dr. Reinhard Brandt

Prof. Dr. Sabine Föllinger

Dr. Dr. Joachim Kahl

Prof. Dr. Christoph Friedrich

Fortsetzung von Seite 161

der gegenwärtigen Bundesrepublik Deutschland nach sich zog, was dafür sorgte, dass es nie zu gemütlich wurde. Der eine oder andere mag sich angesichts der freimütig geäußerten Kritik am eigenen Land sogar etwas unbehaglich gefühlt haben, aber die anschließende, offen und sachlich geführte Diskussion bestätigte mir, dass die überwiegende Mehrheit meiner Zuhörer dem Thema etwas abgewonnen hatte. Als kleines Kompliment an die veranstaltende Neue Literarische Gesellschaft, den Verlag Blaues Schloss und den Gastredner wird man es vielleicht verbuchen dürfen, dass Letzterer nach Erscheinen seines Vortrages in der Reihe 'Uni im Café' von der Bundeszentrale für Politische Bildung um ein Interview zu Orwell gebeten wurde; das Interesse einer breiteren Öffentlichkeit zu wecken, strebt diese Veranstaltungsreihe ja an. Möge das altrenommierte Café Vetter als Ort köstlicher Backwaren wie auch als geistiger Umschlagplatz weiterhin florieren – als feinerer Nachfahre der berühmten, aber nicht so gepflegten englischen coffee houses des 18. Jahrhunderts.

Heinz-J. Müllenbrock hielt den Vortrag: „Orwell – aktueller denn je", erschienen als Band 4 der Reihe "Uni im Café" - Verlag Blaues Schloss -

Wolfgang G. Müller

Ein Forschungsprojekt zum Flaneur in der Literatur und der Kunst

Trotz der bahnbrechenden Arbeiten von Walter Benjamin aus der ersten Hälfte des 20. Jahrhunderts haben sich Soziologie und Kultur- und Literaturwissenschaft erst in den letzten beiden Jahrzehnten intensiver und umfassender mit dem Flaneur als einem Phänomen der Stadtkultur auseinandergesetzt. Der Flaneur, gewöhnlich ein Mann, ist ein urbaner Peripatetiker. Er schlendert absichtslos durch die Stadt und macht Beobachtungen und denkt über das nach, was er gesehen hat. Diese Figur, die historisch, soziologisch und kulturell vom 19. Jahrhundert bis in unsere Tage in unterschiedlichen Varianten präsent ist, bietet der interdisziplinären Forschung eine Fülle von Möglichkeiten und Zugängen. In diesem Zusammenhang steht ein Forschungsprojekt, das an der Friedrich-Schiller-Universität Jena durchgeführt wird. Es widmet sich dem Flaneur in der britischen und amerikanischen Literatur und der visuellen Kunst. Ziel des Projekts ist eine umfassende Untersuchung weitgehend unbekannter Texte, die neues Licht auf die Geschichte des Flaneurs werfen.

Das Projekt zerfällt in zwei Teile. Der erste beschäftigt sich mit der britischen Stadtliteratur des 19. Jahrhunderts und schließt eine große Zahl von bislang unbekannten und unerforschten journalistischen und semi-fiktionalen Texten ein, in denen der Flaneur figuriert. Der zweite Teil bezieht sich auf den amerikanischen Flaneur. Er berücksichtigt die spätere Entwicklung der amerikanischen Metropole und ihr besonderes Konzept der Muße. Beachtung wird hier neben fiktionalen auch journalistischen Texten geschenkt. Das Projekt ist literarhistorisch, indem es einen Beitrag zur Geschichte des literarischen Flaneurs leistet, es ist ‚neuhistorisch', indem es historische und literarische Flaneure in einer weiteren kulturellen Perspektive in Beziehung zueinander setzt, komparatistisch, indem es anglo-amerikanische Flaneure in Bezug auf ihre französischen Vorbilder betrachtet, und ‚intermedial', indem literarische Flaneure und ihre Gegenstücke in der bildenden Kunst im Zusammenhang untersucht werden. Mit der Untersuchung des Erscheinens weiblicher Flaneure in einem ursprünglich dominant männlichen Kontext kommt auch die Kategorie des Geschlechts zur Geltung.

Das Projekt hat bereits schon einige Entdeckungen gemacht. So wurde ein französisches Flaneur-Lied mit Text, Noten und Illustrationen aufgefunden und herausgegeben. Es wurden auch Belege für die Präsenz weiblicher Flaneure gefunden. Es gibt eine große Zahl von Flaneur-Romanen, aber auch von Flaneur-Gedichten. Ein Ergebnis der Jenaer Forschungen ist die Veröffentlichung des oben genannten Vortrags von Wolfgang G. Müller, der in der Reihe „Uni im Café" der Neuen Literarischen Gesellschaft Marburg als Band 8 (Verlag Blaues Schloss) erschien. Bei dieser Gelegenheit ist zu betonen, dass es wichtige Beziehungen zwischen der Anglistik in Marburg und Jena gibt, die sich auch in der Vortragsreihe ‚Uni im Café' abzeichnen. Die Marburger literarische Gesellschaft stellt ein wesentliches Bindeglied zwischen der Stadt Marburg und der Universität dar, um die vergleichbare Universitätsstädte Marburg beneiden können.

Figuren, die mit dem Flaneur verwandt sind, sind der Detektiv, der auf der Spurensuche in der Stadt ist, der Dandy, der durch die Stadt spaziert, nicht um zu sehen, sondern um gesehen zu werden, und der Voyeur, der Menschen in ihrem privaten und intimen Bereich beobachtet. Die Figuren können sich verbinden wie „Der Mann in der Menge" bei Edgar Allan Poe, der Flaneur und Detektiv ist, und Dorothy Sayers' Lord Peter Wimsey, der Detektiv und Dandy ist. Der Flaneur hat im Unterschied zum Voyeur oder Stalker keine ausgeprägten sexuellen Impulse. Hierzu sei ein Gedicht zitiert, das während der Recherche aufgefunden wurde:

City Poem, in Memory of Henry James and Ezra Pound:

> I see the man watching the faces of the women in the crowd,
> A voyeur posing as a flaneur

Wolfgang G. Müller hielt am 5. Mai 2013 im Café Vetter den Vortrag: „Detektiv, Flaneur, Dandy – drei mythische Figuren der der Stadtkultur des 19. Jahrhunderts", erschienen als Band 8 der Reihe "Uni im Café" - Verlag Blaues Schloss -

Ralph Backhaus

Seit nunmehr 40 Jahren vermittelt die „(Neue) Literarische Gesellschaft" mit ihren Lesungen im Café Vetter einer interessierten Öffentlichkeit Einblicke in das Schaffen bedeutender Literaten. Mit ihrer Reihe „Uni im Café" eröffnet sie nun auch den an der Philipps-Universität Marburg tätigen Wissenschaftlern die Chance, Ihre Forschungsschwerpunkte in Wort und Schrift vorzustellen. Für uns Juristen, die sich traditionell schwertun, die Sinnhaftigkeit ihres Arbeitens nach außen zu kommunizieren, ist das eine wichtige Plattform. Darum verbinden sich meine Geburtstagsgrüße mit dem Wunsch, dass die Gesellschaft auch in Zukunft Literatur und Wissenschaft den Marburgern (und nicht nur diesen) so erfolgreich nahebringt, wie ihr das bisher gelungen ist.

Ralph Backhaus hielt im Café Vetter den Vortrag: „Savigny im Marburg", erschienen als Band 5 der Reihe "Uni im Café" - Verlag Blaues Schloss -

Wolfgang Drechsler

Bedeutung und Verdienst der Neuen Literarischen Gesellschaft und von „Literatur um 11" sind offensichtlich, aber braucht man in der Universitätsstadt Marburg eine „Uni im Café"? Nun, aufs Notwendige kommt es in diesem Zusammenhang weniger an als aufs Zuträgliche – nur Notwendiges macht ein armes Leben –, aber Ludwig Legges Idee, allgemein interessanten Themen und Vortragenden ein informelles, bildungsbürgerliches Forum zu geben, war ausgesprochen glücklich. Fürs Publikum sowieso – das belegen die Teilnehmerzahlen –, aber auch für die Protagonisten und nicht zuletzt für die Universität selbst, denn wir leben in einer Zeit, in der zu wenig Kaffeehaus in der Uni ist und es daher sinnvoll ist, die Uni ein wenig ins Kaffeehaus zurückzubringen. Und das Café Vetter ist nicht irgendein Kaffeehaus, sondern eines, in dem bedeutendste Marburger Gelehrte nicht nur pausiert, sondern auch gedacht und geschrieben haben – ich erinnere nur an Ernst Robert Curtius, Nicolai Hartmann, Martin Heidegger, Hannah Arendt und Hans-Georg Gadamer –, unterstreicht diese Verbindung eindrucksvoll. Die deutsche Universität leidet ja nicht gerade am zu Allgemeinen, Überblickshaften, Beispielhaften, gut Formulierten oder gar an zu wenig technischer Spezialisierung und Methode. Und das Publikum bei ‚Uni im Café', das meiner Erfahrung nach auf erwartungsgemäß hohem Niveau nachfragt, mag einen höheren Altersdurchschnitt aufweisen als das übliche Proseminar an beiden Ufern der Lahn, aber was wäre daran auszusetzen? Wie Walter Kempowski, einer der eindrucksvollsten Gäste der NLG, einmal formulierte, als ihm vorgeworfen wurde, eher ältere Leser zu haben: das sind ja auch Menschen.

Wie interessant solch ein Forum auch für die Vortragenden ist, sieht man schon an der Liste der bisher beteiligten Kollegen, die durchweg nicht nur nach zünftigen Kriterien, auch als Emeriti, bedeutende Mitglieder der Universität sind, sondern auch in der Lage, ihre Gedanken verständlich und sogar schön zu formulieren. Durch die Einzelpublikation vieler Vorträge in heute ungewöhnlich ansprechender Form durch Herrn Verleger Symon im Blauen Schloss Verlag werden diese auch einem größeren Publikum zugänglich gemacht. Auch die weiteren Gespräche der Vortragenden untereinander, ebenfalls auf Initiative von Herrn Symon, gehören für mich wie das gesamte Forum zu den Klammern, die im Heute das Gestern und Morgen des Marburger gelehrten Gesprächs ideal verbinden können.

‚Uni im Café' und Neue Literarische Gesellschaft in Marburg – sicher zuträglich, vielleicht notwendig.

Wolfgang Drechsler hielt im Café Vetter den Vortrag: „Gadamer im Marburg", erschienen als Band 6 der Reihe "Uni im Café" - Verlag Blaues Schloss -

Hans-Joachim Lope

"Viens donc, divin nectar, viens donc, inspire-moi…":

Kaffeegenuss und Aufklärung bei Jacques Delille (1738-1813)

Die Marburger Neue Literarische Gesellschaft trifft sich regelmäßig im Café Vetter und folgt damit ganz bewusst der in der Aufklärung des 18. Jahrhunderts wurzelnden Tradition des Kaffee-Hauses als Ideen-Börse und Ort des ungezwungenen Informations- und Gedankenaustauschs. Mehr als einmal durfte der Verfasser dieser Zeilen sich am Rednerpult der NLG als Glied dieser weit über Marburg hinausgreifenden Gemeinschaft fühlen. Und mehr als einmal dachte er dabei an den Zusammenklang von Kaffee-Kultur und Aufklärung bei Jacques Delille. Seinem Gedicht *Le café* (1809) sind die folgenden Überlegungen gewidmet.
Der Text lautet:

Le café

Il est une liqueur, au poète plus chère,
Qui manquait à Virgile, et qu'adorait Voltaire;
C'est toi, divin café, dont l'aimable liqueur
Sans altérer la tête épanouit le cœur.
Aussi, quand mon palais est émoussé par l'âge,
Avec plaisir encor je goûte ton breuvage.
Que j'aime à préparer ton nectar précieux!
Nul n'usurpe chez moi ce soin délicieux.
Sur le réchaud brûlant moi seul, tournant ta graine,
À l'or de ta couleur fais succéder l'ébène;
Moi seul contre la noix, qu'arment ses dents de fer,
Je fais, en le broyant, crier ton fruit amer;
Charmé de ton parfum, c'est moi seul qui, dans l'onde,

Infuse à mon foyer ta poussière féconde,
Qui, tour à tour calmant, excitant tes bouillons,
Suis d'un œil attentif tes légers tourbillons.
Enfin, de ta liqueur lentement reposée,
Dans le vase fumant la lie est déposée;
Ma coupe, ton nectar, le miel américain,
Que du suc des roseaux exprima l'Africain,
Tout est prêt; du Japon l'émail reçoit tes ondes,
Et seul tu réunis les tributs des deux mondes:
Viens donc, divin nectar. Viens donc, inspire-moi.
Je ne veux qu'un désert, mon Antigone et toi.
A peine j'ai senti ta vapeur odorante,
Soudain de ton climat la chaleur pénétrante
Réveille tous mes sens; sans trouble, sans chaos,
Mes pensers plus nombreux accourent à grand flots.
Mon idée était triste, aride, dépouillée;
Elle rit, elle sort richement habillée,
Et je crois, du génie éprouvant le réveil,
Boire dans chaque goutte un rayon de soleil.[1]

Ganz im Sinne der auch im Zeitalter der Aufklärung noch lange nicht ausgestandenen *querelle des anciens et des modernes* verkündet Delille schon in den ersten Zeilen seines Gedichts den Sieg der neuen Zeit: Voltaire ist Vergil auch deswegen überlegen, weil er mit dem *divin café* über eine Droge verfügt, die "statt der Vernebelung des Geistes dessen Ernüchterung bewirkt und [...] geeignet ist, die Affekte zu mäßigen, die Klarheit des Denkens zu fördern und die Realitätswahrnehmung zu schärfen". Darüber hinaus nutzt Voltaire, dem Beispiel Goldonis (*La bottega del caffè,* 1750) folgend, auch als Dramatiker die europaweite Mode der Kaffee-Häuser, zum Beispiel in *L'Écossaise* (1761), wo das Café als Ort der "Begegnung" und der "Intrige" dem

1 Jacques Delille: Les Trois Régnes de la nature, Chant VI: Le café). In: Anthologie poétique française. XVIIIe siècle. Choix, introduction et notes par Maurice Allem, Paris 1966, 341-342.

Theater einen völlig neuen Schauplatz liefert.[2] Montesquieu zeigt die großen Pariser Cafés gleichermaßen als Nachrichten-Schleusen und als Zentren der Diskussion und der Zerstreuung.[3] Auch Delille dürfte diese Orte gekannt haben, darunter die *Armes d'Espagne*, das *Procope*, das *Laurent*, das *Bourette* und das durch Diderots schachbesessenen *Neveu de Rameau* (1762) bekannte *Café de la Régence*.[4]
In den Versen 5-20 evoziert Delilles Text minuziös den Ritus der Kaffee-Zubereitung. Kein Kenner wird diesen freiwillig einer fremden Person überlassen: *Nul n'usurpe chez moi ce soin délicieux*. Wie in Bachs Kaffee-Kantate (*Ey! wie schmeckt der Coffee süße,* 1735) mit dem Text von Picander (= Christian Friedrich Henrici), wo die verschiedenen Methoden des Kaffee-Siedens am Ende sogar die Hochzeitspläne von Schlendrians Tochter Liesgen zu durchkreuzen vermöchten,[5] ist das Geheimnis des *nectar précieux* auch bei Delille unverhandelbar. Der lyrische Sprecher selbst beansprucht das Privileg, die frischen Bohnen auf dem *réchaud* zu ebenholzfarbenen Kunstwerken zu rösten und alsdann zu einer *poussière féconde* zu zermahlen: *dents de fer, broyant, fruit amer, parfum.* Den anschließenden Kochvorgang verfolgt er mit dem *œil attentif* eines Alchimisten in der Zauberküche: *calmant, excitant, bouillons, légers tourbillons.* Am Ende der Prozedur steht die fertige *liqueur lentement reposée*. Es fehlt nur noch der Zucker (*miel américan, suc des roseaux)*, den der in Europa lebende Genießer, wie er sehr wohl weiß, der Knochenarbeit nach Amerika ver-

---

2 Cornelia Klettke: Der Kaffee als Droge der Aufklärer. In: Helmut C. Jacobs e.a. (Hgg.): Die Zeitschrift 'Il Caffè', Frankfurt/M. 2003.Hier: 131-133.

3 Cf. Lettres persanes 36: "Le café est très en usage à Paris; il y a un grand nombre de maisons publiques où on le distribue. Dans quelques-unes de ces maisons, on dit des nouvelles; dans d'autres, on joue aux échecs." (Ed. P. Vernière, Paris 1960, 77). In deutscher Sprache findet sich dieses Zitat auch bei Heinrich E. Jacob: Sage und Siegeszug des Kaffees, Reinbek bei Hamburg 1964, 130.

4 Zum Verhältnis der Cafés zu den konkurrierenden Salons und Clubs, cf. H.-J. Lope: Französische Literaturgeschichte, Heidelberg ^{3}1990, 140-143.

5 "Kein Freier komm' mir in das Haus, / er hab es mir denn selbst versprochen und rück es auf der Ehestiftung ein, / dass mir erlaubet möge sein, den Coffee, wie ich will zu kochen!"Kommentierter Faksimile-Text unter www./httpraptusassociation.org/kaffeekantate_g.htm.

schleppten afrikanischer Sklaven verdankt. Das Thema ist nicht neu, doch gewinnt es in Delilles Gedicht insofern an Brisanz, als der Autor seinen Text im Jahre 1809 veröffentlicht, zu einem Zeitpunkt also, zu dem er und sein Publikum bereits um den Sklavenaufstand (1804) in der Karibik und um das Scheitern der napoleonischen Kolonialpolitik in dieser Weltgegend wussten. Nimmt man noch die japanische Emaille-Kanne hinzu, derer der lyrische Sprecher zur Zubereitung seines Lieblingsgetränks bedarf (*du Japon l'émail reçoit tes ondes*), dann vereinigen sich hier keineswegs nur die *tributs des deux mondes,* also Afrikas und Amerikas, in seiner Kaffeetasse, sondern es kommen auch noch das durch Japan vertretene Asien und Europa als Lebensmittelpunkt des Kaffee-Trinkers hinzu. Auch und gerade zur Zeit der napoleonischen Kontinentalsperre bleibt der Kaffee somit – ähnlich wie der u. a. mit China, Indien, England (und Ostfriesland) assoziierte Tee – ein zutiefst kosmopolitisches Getränk. Und entsprechend feindselig sind bekanntlich schon im 18. Jahrhundert die Äußerungen der Vertreter der in *statu nascendi* befindlichen deutschen *Kultur*nation, die den Trank der über den nationalen Tellerrand hinausblickenden "Ironiker, Skeptiker, Zyniker und geistigen Abenteurer"[6] nur zu gern gegen das urdeutsche "Bierstudententum" ausspielen. So verteidigt die bekannte Kaffeeszene aus Johann Heinrich *Voss' Luise* (1795) nicht nur die Kulturbastion des protestantischen Pfarrhauses, sondern insistiert auch auf der Herausforderung, die das "hitzige Mohrengetränk" für das unbedarfte Gemüt alteingesessener Philister und Duodezresidenzler bedeutet.[7] Und der Kanon C-a-f-f-e-e von Karl-Gottlieb Hering warnt den Nachwuchs der Kulturnation bekanntlich schon damals vor der fatalen Wirkung des *Türkentranks*:

Nicht für Kinder ist der Türkentrank,
Schwächt die Nerven, macht dich matt und krank.
Sei doch kein Muselmann
Der das nicht lassen kann.[8]

6 Klettke, 145.

7 Jacob, 145.

8 Cf. www./http://jensbertrams.wordpress.com/2012/.../türkentrank-und-muselmann zur

Auch wenn Delilles Kaffee-Gedicht keine dieser thematischen Weiterungen *en détail* aufgreift, dürften sie ihm in dem intellektuellen *ambiente*, in dem er sich bewegte, doch sehr wohl bekannt gewesen sein. Und Ähnliches gilt für die Botanik, die Chemie, die Etymologie und die arabisch-äthiopische Herkunft der Kaffee-Pflanze, die er mit keinem Wort erwähnt. Andere haben es an seiner Stelle getan, wie zum Beispiel Diderot in seinen einschlägigen *Encyclopédie*-Artikeln oder auch Limojon de Saint-Didier, der den Kaffee schon 1716 in die "höchsten göttlichen Sphären" (Hellas, Ägypten) erhebt. Der Ursprung der Pflanze liegt demnach in einer "Arabie heureuse",[9] in der der Sonnengott Apollo, der sowohl "vom Himmel leuchtet" als auch "im Kaffee wohnt", sie höchstpersönlich angebaut haben soll.[10] Eindeutig erklärt Delille hier die Wirkung des Kaffees aus der Real-Präsenz der Gottheit im Getränk selber (*Boire dans chaque goutte un rayon de soleil)*. Der 'schwarze Apollo' beansprucht damit zumindest tendenziell eine dem Wein in der christlichen Eucharistie vergleichbare Rolle.

Im Vertrauen auf Apollo formuliert Jacques Delille auch den Wunsch, dessen Erfüllung ihm die idealen Voraussetzungen für sein eigenes Dichterleben liefern würde: die Möglichkeit, sich bei Bedarf in die Einsamkeit *(le désert)* zurückzuziehen, eine geschwisterliche Seele, die – wie Antigone – bereit und fähig wäre, ihm in einer feindlichen Welt ein ehrendes Andenken zu bewahren, und der Kaffee als die Droge, die die Gedanken ordnet (*sans trouble, sans chaos*) und es erlaubt, die *aegria somnia* des Dichters (Mon idée [...], *triste, aride, dépouillée*)[11] in eine dem Lesepublikum zugängliche Form zu bringen (*elle rit, elle sort richement habillée*). An der Nahtstelle von Spätaufklärung und Frühromantik, irgendwo zwischen Trafalgar und Waterloo, thematisiert Jacques Delille auch seine eigenen Ängste und Hoff-

---

Diskussion dieses Textes und des damit verbundenen 'Correctness'-Problem.

9 Klettke, 143; Limojon de Saint-Didier: Le voyage du Parnasse, Rotterdam: Fritsch & Bohm 1716, 101.

10 Jacob, 135.

11 Nach Horaz, Ars poetica I.

nungen – und schreibt dabei seinen schönsten Alexandriner zum Lob des Kaffees:

Je ne veux qu'un désert, mon Antigone et toi.

Für Jacques Delille ist die Verbindung von Kaffee, Café und Aufklärung zwingend. Und auch die Neue Literarische Gesellschaft wird sich diesem Erbe weiterhin verpflichtet fühlen.

Der Verfasser hielt am 27. 2. 2011 vor der Neuen Literarischen Gesellschaft im Café Vetter einen Vortrag zum Thema: Voltaire: Aufklärer, Literat, Europäer. – Erschienen als Band 7 der Reihe "Uni im Café" - Verlag Blaues Schloss -

Gerhard Marcel Martin

Haikus aus dem Universitätsklinikum
Marburg Juli 2014

1
hospitalisiert
Sommer durch Fensterrahmen
Wolken ziehn nach links

2
der Knöchel schwillt an
die Diagnose offen
Sommergewitter

3
der Bettnachbar fragt
Sind Sie wiedergeboren?
Spitalkaffee dampft

4
Nitril white M grün
Untersuchungshandschuhe
Beton nass und grau

5
Klinikunterricht
sechs weiße Kittel im Kreis
Lymphknoten schallen

6
M R T krass laut
named Sonata maestro class
der blonde Arzt schielt

7
Schilderlabyrinth
Krankenhausfahrstuhl dement
Plastikblumen blühn

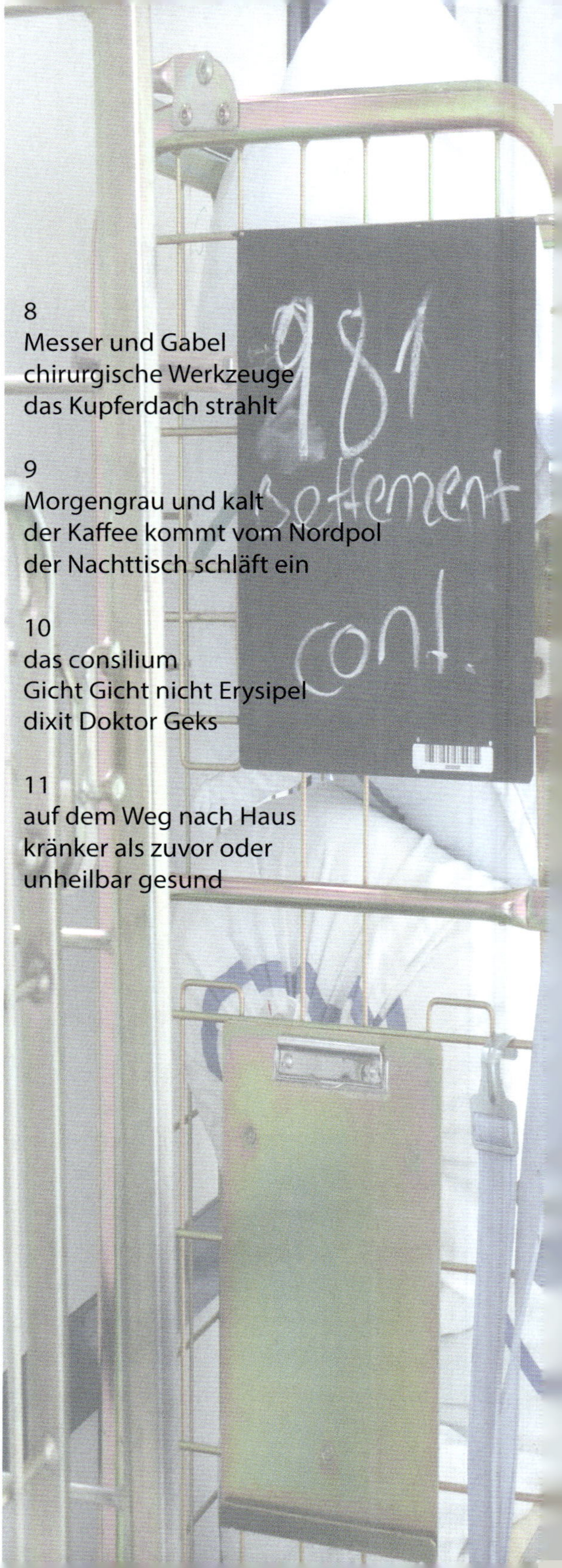

8
Messer und Gabel
chirurgische Werkzeuge
das Kupferdach strahlt

9
Morgengrau und kalt
der Kaffee kommt vom Nordpol
der Nachttisch schläft ein

10
das consilium
Gicht Gicht nicht Erysipel
dixit Doktor Geks

11
auf dem Weg nach Haus
kränker als zuvor oder
unheilbar gesund

Unerreichbar, Kranksein

Habe ein Alibi. Bin nicht hier im Geflecht der Freundschaften. Bin dort im Schmerz. Eingeschlossen in halbdunklen Räumen, in der Mühe der kleinen Verrichtungen, in der Zeitlosigkeit des Schlafs über Tage – und die Wachheit der Nächte. Der Schmerz legt fest aufs Kreuz der Gegenwart. Hier bist du, wo ich bin. Die unverschämteste Mystik, wenn er sagt: Du bist ich und ich bin du.

Sitze in der gepackten Kulisse meiner selbst, im Niemandsland zwischen Erwartung und Erinnerung. Das Alte hat aufgehört, das Neue nicht angefangen. Leichtes Fieber, Angstgestalten, die zu schwach sind, um mehr zu sein als Fäden, Knäule, die sich nächtelang weder einlösen in etwas, noch sich auflösen in nichts. Und der Halbschlaf ist machtlos, die andauernden Wiederholungen der Phantasie zu zerschlagen mit dem Schwert Alexanders.

Warten auf die neue Geburt, auf den Abend oder Morgen, an dem alles leicht fällt, an dem es keine Mühe macht, Koffer zu packen. An dem ich mich ausstrecken kann in die Zeit.

Joachim Kahl

Meine Mitarbeit in der NLG

Zum ersten Mal wurde ich im Frühjahr 2009 eingeladen, aus meinem Werk „Weltlicher Humanismus. Eine Philosophie für unsere Zeit" vorzutragen. Diese Gelegenheit, im stimmungsvollen Ambiente des Café Vetter im Rahmen einer traditionsreichen Sonntagsmatinee vor einem distinguierten Publikum zu sprechen, ergriff ich gerne. Denn dadurch eröffnete sich für mich hier am Wohnort eine weitere Plattform, als freier Philosoph öffentlich aufzutreten und meinen Wirkungsradius über die Tätigkeit als Kursleiter für Philosophie bei der Volkshochschule hinaus auszudehnen. Durch eben diese langjährige Arbeit in der außerakademischen Erwachsenenbildung bin ich gut gerüstet, komplizierte Sachverhalte klar zu strukturieren, rasch auf den Punkt zu bringen und ohne Substanzverlust so zu vermitteln, dass ein aufnahmebereites Publikum zumeist bereichert, zumindest angeregt nach Hause geht. Damit eifere ich auch einem Aphorismus des ehemaligen Marburger Studenten Ortega y Gasset nach, der formuliert hat: „Die Klarheit ist die Höflichkeit des Philosophen." („ La claridad es la cortesia del filósofo.")

Zu meinem Debüt bei der NLG wählte ich einige Seiten aus dem Kapitel über das Gentleman-Ideal aus, das ich als humanistisches Persönlichkeitsideal für unsere Zeit reaktivieren möchte. Ich ahnte damals nicht, dass ich mit diesem Thema einen geistigen Anknüpfungspunkt setzen würde für meinen Vortrag im Juli 2014 über die französischen Moralisten. Diese Philosophenschule steuerte mit ihren Persönlichkeitsmodellen des honnete homme und des gentilhomme wichtige Bausteine für das vornehmlich im englischen Kulturbereich beheimatete Gentleman-Ideal bei.

Die sinnvolle Erweiterung des Themenspektrums der NLG um eine neue Veranstaltungsreihe „Uni im Café" erwies sich für mich als Glücksfall. Ich wuchs gleichsam in die Position eines „Hausphilosophen" hinein, der – zunächst ungeplant, dann absichtsvoll vorbesprochen zwischen Ludwig Legge und mir – einen gewissen Überblick über herausragende Themen und Schlüsselfiguren der europäischen Philosophiegeschichte gab und gibt. Dabei kommen mir meine zehn Jahre als Lehrbeauftragter für Philosophie an der Philipps Universität von 1974 bis 1984 zugute, die ich im Wesentlichen mit Veranstaltungen zur Philosophiegeschichte bestritten habe. Ohne den Anspruch der Vollständigkeit und ohne akademische Abgehobenheit wurden seither gleichwohl repräsentative Strömungen und Persönlichkeiten der hellenistischen Nachklassik wie der Stoa (Mark Aurel) und des Epikureertums sowie des französischen Existentialismus (Camus und Sartre) vorgestellt. Mit Montaignes „Essais" und Schopenhauers „Aphorismen zur Lebensweisheit" wurde eine Linie philosophischer Skepsis und Lebenskunst in ihrer Aktualität aufgezeigt.

Relativ vereinzelt steht bisher noch mein Vortrag zu Frida Kahlo, der mexikanischen Malerin im Stil eines phantastischen Realismus. Aber in meinem Repertoire philosophischer Kunstinterpretation ruht noch mancher Schatz, der gehoben werden könnte.

Regine Wagner-Preusse

Mein literarisches Sonntagsfrühstück

Die ersten Male ging ich wegen der Autoren. Das ist schon lange her. Ich erinnere mich an Sigrid Damm, die grande dame, ihr Buch über Friedrich Schiller. Ich war gespannt auf die Autorin von „Christiane und Goethe". Natürlich kannte ich das in die Jahre gekommene Café in der Oberstadt von zahlreichen Treffen. Auch Besucher habe ich oft hierher geführt. Denn wie guter Wein gewann das Lokal mit zunehmendem Alter an Charme und Originalität.
11 c.t., cum tempore, also 11.15, man fühlt sich in der Universitätsstadt der akademischen Tradition verpflichtet: „Guten Morgen, meine Damen und Herren." Ludwig Legge, Gründer und Vorsitzender der

Neuen Literarischen Gesellschaft begrüßt Autoren und Auditorium. Voll sprachlicher Brillanz und ausgestattet mit reichem Hintergrundwissen versorgt er das Publikum mit wichtigen Informationen zu Autor und Werk und macht neugierig auf das, was in der folgenden Stunde bei Kaffee und Croissants geboten wird.

LL, die Seele des Ganzen. Er wählt aus, wer im Café lesen wird. Nimmt Kontakt zu den Autoren auf, trifft sie oft schon am Vorabend, wenn die Anreise mit dem Zug für den Autor am Sonntagmorgen zu mühsam wäre.

Wie gesagt, die ersten Male kam ich wegen der Autoren. Dann wegen Literatur um 11.

Wollte die anregende Mußestunde nicht mehr missen. Safranski über Schopenhauer, ein Highlight. Ebenso die Weihnachtsmatinée mit Heiko Postma, immer wieder. Wie der grandiose Rezitator den geizigen Scrooge in Charles Dickens Weihnachtsmärchen lebendig werden lässt. Was für Erinnerungen, Erinnerungsstücke. Die Reihe ließe sich fortsetzen. Daniel Kehlmann, die Menschentraube vor dem Café, ich war zu spät und las „Ruhm" daheim auf der Terrasse. Andere Autoren hätte ich nicht kennengelernt ohne LL: Den Prinzen von Preussen, der über Friedrich den Großen und dessen Verhältnis zu Voltaire sprach. Bei klappernden Kaffeetassen, Kindergeschrei und Stimmengewirr von nicht zuhörenden Cafébesuchern, weil sich auch nach so vielen Jahren die Tür zum Nebenraum nicht ohne Weiteres schließen lässt. Das nervt. Doch die Lesungen auf Plüschsesseln mit sofortigem Gedankenaustausch möchte ich trotzdem nicht missen.

Der Verlag Blaues Schloss veröffentlichte von Regine Wagner-Preusse den Roman „Vorsicht Schule" sowie das Kinder-Bilderbuch „Hannibal"

Horst Schwebel

Reinkarnation

Pythagoras soll, als ein Hund ihn anbellte, in der Stimme des Hundes einen früheren Freund erkannt haben. Pythagoras glaubte an die Reinkarnation oder die Seelenwanderung; auch Platon glaubte daran.

Das ist lange her. Nach einer Umfrage aus dem Jahr 1997 glaubt daran sogar jeder vierte Deutsche. Inzwischen sind es vielleicht noch mehr geworden.

Hinter der Reinkarnation steckt die Vorstellung, dass nach dem Tod die Seele weiterlebt und sich einen neuen Körper sucht, um sich dort niederzulassen, also zu reinkarnieren.

Der Gedanke ist verlockend. Der Mensch erhält noch eine zweite Lebenschance, obwohl sein Körper bereits verstorben ist.

Immerhin hat man sogar Goethe und Schopenhauer auf seiner Seite, dazu noch den Anthroposophen Rudolf Steiner, Franz Beckenbauer, den „Kaiser“, und manchen Hollywood – Star. Shirley MacLaine zum Beispiel hat allein vier Bücher dazu verfasst. Die Schauspielerin, die durch den Film „Irma La Douce“ berühmt geworden ist, gab sich nicht allein damit zufrieden, an ein Weiterleben nach dem Tod zu glauben, sondern forschte auch nach ihren früheren Leben. Mit Hilfe verschiedener Praktiken – Hypnose, Trance, Rebirthing – wurde sie bei ihrer Suche über die Maßen fündig. Das Ausmaß ihrer Forschung reichte nicht allein für vier Bücher, sondern auch für Vortragsreisen durch die halbe Welt.

Das Rebirthing als Therapieverfahren begnügt sich nicht damit, wie bei Freud bis in die früheste Lebensphase der Kindheit vorzudringen. Stattdessen geht man noch weiter zurück und forscht nach dem Leben davor. Anlass ist beispielsweise ein Déjà Vu in einer fremden Stadt, wenn man die Umgebung und die Häuser wiedererkennt, obgleich man in der Stadt noch nie gewesen ist.

Pikant und vielversprechend ist es, im jetzigen Leben einer Person zu begegnen, mit der man im früheren Leben schon einmal Bekanntschaft gemacht hat. So meinte Shirley MacLaine, dass sie mit ihrem Liebhaber so tief verbunden sei, weil sie früher mit ihm verheiratet war.

Doch was heißt früheres Leben? - Bei Rudolf Steiner geht der Stammbaum seiner Wiedergeburten bis zu Aristoteles zurück ... und dann noch weiter bis zu Gilgamesch. Mit kleineren Häppchen wollte er sich nicht zufrieden geben.

Es sind nicht allein die Déjà Vu – Erfahrungen und Intensivbegegnungen, die Menschen dazu bringen, nach einem früheren Leben Ausschau zu halten. Von großer publizistischer Wirksamkeit waren auch die Veröffentlichungen über Nahtoderfahrungen, wie sie beispielsweise von Raymond A. Moody und Elisabeth Kübler-Ross vorgestellt wurden. Gemeinsam war diesen Beschreibungen, dass sich die Seele vom Körper gelöst habe und man – etwa bei einer Operation – von oben, von der Zimmerdecke aus, genau habe sehen können, was unten, auf dem Operationstisch, vor sich ging. Allen gemeinsam war auch die Tunnelerfahrung: Die Seele durchschreitet einen dunklen Tunnel, an dessen Ende dann ein Licht aufscheint. Einige meinten sogar, Lichtgestalten begegnet zu sein, offensichtlich einem Empfangskomitee aus dem Jenseits.

Was auch immer diese Personen erlebt haben mögen, die Grenze zum Tod haben sie freilich nicht überschritten. Sie sind ja alle zurückgekehrt und haben berichten können.

Waren es vielleicht doch die Religionen des Ostens, Buddhismus und Hinduismus, die bei uns den Reinkarnationsboom ausgelöst haben?

Die Reinkarnationsvorstellung des Ostens hat freilich eine andere Pointe. – Die Taten eines Menschen formen sein Karma. Hat er viel Gutes getan, ist ein gutes Karma die Folge. Er kann in seinem späteren Leben mit einer günstigen, positiven Existenzform rechnen. Wer Böses tut, muss damit rechnen, als Tier oder böser Geist wiedergeboren zu werden. Gegenwärtiges Unglück und Leiden ist die Folge schlechter Taten aus der Vergangenheit. Angesichts der ständigen Wiederkehr von Leid richtet sich die Hoffnung – vor allem im Buddhismus – darauf, den Kreislauf der Wiedergeburten zu durchbrechen und schließlich zu beenden. Erlösung wäre dann das Ende der Wiedergeburt.

Seltsam: Was für den westlichen Menschen eine Verheißung ist, dass er nach dem Tod nochmals eine neue Lebenschance erhält, ist im Osten sogar ein Verhängnis, indem nämlich der Kreislauf des Leidens immer weiter geht, weil keiner seinem Karma entkommen kann. Der Selbstmörder hätte durch seine Tat nicht etwa seine Ruhe gefunden, sondern wäre im nächsten Leben noch weitaus schlimmeren Bedingungen unterworfen.

Was also ist von der Reinkarnation oder Seelenwanderung zu halten?

Vom wissenschaftlichen Standpunkt aus ist mit dem Ende der Körperfunktionen auch die Funktion „Geist" an ihr Ende gekommen. Tod ist Tod. Es gibt kein Danach und kein Davor.

Die Religionen haben sich mit dieser Antwort nicht zufrieden gegeben. Vielleicht sind der Tod und seine Bewältigung sogar der Ursprung aller Religion. Die uns geläufigen Himmel und Hölle sind auch nicht die einzigen Antworten auf das Danach. Als die Gebildeten unter den homines religiosi dazu in Distanz traten, kam die Reinkarnationslehre westlicher Prägung gerade zur rechten Zeit. Nach dem Tod noch einmal neu beginnen zu können, ist ebenso verlockend wie seinen früheren Leben nachzuspüren.

Dienstmädchen und Arbeiter beim Pyramidenbau ist sowieso keiner gewesen. Eher schon Cleopatra.

Im Verlag Blaues Schloss erschien Horst Schwebels Erzählband „Der Durchstreicher"

K. H. Symon

Der Forscher

Vor meinen Augen erhob sich ein schroffer Berg; der Himmel umstrahlte wolkenlos seine Spitze, die, obwohl sie in so einer Höhe ruhte, schneefrei war und scharf umrissen. Ganz in den Anblick des Berges versunken, bemerkte ich zuerst nicht das zermalmende Knirschen, das aus einer seitlich gelegenen, schmalen Senke drang. Sie glich einer in den dürren Boden gewalzten Strecke, die fast gerade den Berg hinauffuhr, eine dünne Linie in ferner Höhe, die immer weiter aufwärtsführte, bis selbst diese auslief, sodass nicht mehr sichtbar war, wie hoch und wohin sie führte, und doch, dass sie im erahnbaren Bezuge stand zum alles überragenden Gipfel.

Ein tiefes, gleichmäßiges Atmen, eines, wie es bei schwerer, konzentriert ausgeführter Arbeit nötig ist, begleitete dieses Knirschen und lenkte meinen Blick hinab, bis er auf einen großen, fast gerundeten Stein stieß, der langsam rollend sich bergauf schob. Endlich entdeckte ich zwei Hände, dann die ganze vorwärts geneigte Gestalt eines kräftigen, fast nackten Mannes.

Ohne Weiteres zu bedenken, lief ich zu ihm hin. Mehr war es ein

Fliegen über dem unter meinen Füßen stürzenden Gestein, so erfüllt war ich von dem Gedanken, dass es sich um einen guten Freund handeln könnte. Doch als ich atemlos vor ihm angelangt, durchfuhr mich sein abweisender Blick. Mit aufsteigender Ahnung, etwas sehr Unvernünftiges, wenn nicht sogar Gefährliches getan zu haben, war es, dass ich errötete, um dann umso tiefer zu erbleichen. Vielleicht war es nur aus diesem Grund, dass sein Blick zwar freundlicher, doch umso fragender wurde.

Aber er durchschaute meine Wünsche und Gedanken. So fing er, ohne seine Arbeit für einen Augenblick zu vernachlässigen, von selbst zu sprechen an:

„Am Anfang war es ein schweres Los. Meine Kräfte: verschwindend gering, gemessen an jenen, die ich nun erworben habe. Der Stein, der von mir in Bewegung gesetzt werden wollte, war im Vergleich zu seiner jetzigen Größe um ein Vielfaches schwerer. Doch da er bewegt werden musste, bewegte ich ihn, fern jeder Einsicht, voll von Auflehnung, im Inneren fast gleichermaßen zerrissen wie im Äußeren meine Glieder unter der Last des Steines. So rollte ich ihn im mühevollen Kampfe den Berg hinauf. Noch konnte er mir jederzeit gefährlich werden, versagten einmal sekundenschnell meine Kräfte. Nur das wusste ich, fiel doch sein Schatten weit über meinen Kopf.

Eine Erlösung war jener Augenblick, als er auf der Spitze des Berges zum Stillstand kam. Jedes Mal die widersinnige Hoffnung, er würde auf diesem schmalen Grat stehen bleiben.

Aber es kam, wie es kommen musste; all meine Beschwörungen, die ich auf dem langen, staubigen Weg hinauf ausgesonnen hatte, halfen nichts. Er setzte sich in Bewegung; zu mächtig an Masse, als dass ich ihn noch hätte halten können, verselbstständigte er seinen Lauf, stürzte – Bäche, Wälder, Tiere, Menschen und Häuser unter sich zerstampfend – die andere Seite des Berges hinab.

Am Anfang kannte ich nur die Lust, als Mittel gegen meine Verzweiflung, die Lust an seiner Zerstörungskraft. Warum mussten auch dort, mitten auf seiner Bahn, immer wieder neue Bäche talwärts ziehen, neue Wälder über die Täler sich spannen, Tiere arglos weiden und Menschen kühn wieder ihre Behausungen errichten? Obwohl doch gerade sie aufgrund ihrer anfangs spärlichen, dann immer umfangreicheren Überlieferungen über die Katastrophe, wie sie es nannten, eines Besseren belehrt sein müssten. Aber scheinbar lernten sie aus diesen nicht, verachteten kühn oder dümmlich die Winke in den Aufzeichnungen ihrer Gattung. So spürte ich keinen Funken Bedauerns, brannte doch tief in mir ein Flammenmeer von Hoffnungslosigkeit.

Später verstand ich es, mich ein wenig in diesem Schicksal einzurichten, lernte meinen Körper zu beherrschen, mäßigte meine aufrührerische Wut, freute mich sogar, dass ich an Kräften wuchs. In solchen Momenten reckte ich meinen Kopf aus dem Schatten des Steines und blickte in die Sonne, die, obwohl sie erbarmungslos den Hang niederbrannte, mir einen Sinn für Trost und Schönheit gab, der fast dem herbeigesehnten Gefühl auf der Bergspitze nahekam.

Als nächstes studierte ich die Beschaffenheit des Steines, erforschte die Gesetze, unter denen er sich am mühelosesten bewegen ließ. Ich entdeckte, dass er durch das unaufhörliche Rollen bald rundlicher wurde, dem Boden gegenüber sich reibungsloser verhielt, was mir eine neue Art von Hoffnung gab. Wie groß war aber die Enttäuschung, als er, nachdem er gerade zu einer so günstigen Form angelangt, sodass ich ihn noch kurz liebevoll berührt hatte, zwar das Tal hinabfiel, aber dabei seine Rundung in die Brüche ging. Ein schwacher Trost überkam mich zwar, da ich zu begreifen begann, dass der Stein zumindest leichter geworden war. Nur war er in eine so unglückliche Form geschlagen wie nie zuvor! Kaum konnte ich ihn in der Ebene von der Stelle bringen, geschweige denn, als es bergauf ging. Ich musste nun Werkzeuge ersinnen und ihn mühsam zur Spitze hebeln. Doch das schaffte Abwechslung und bereicherte die Aufgabe ein wenig.

Nun begann meine Einsicht in die inneren Zusammenhänge der Arbeit zu wachsen. Damit veränderte sich mein Verhältnis zur ehemals verhassten Seite des Berges, wenn ich den Stein an ihr hinaufschob. Ich begann ihren spärlichen Bewuchs zu entdecken, ging einer Pflanze, wenn sie schon vom Stein verschont, aus dem Weg, dass sie nicht unter meinen Füßen zertreten werde. Des Nachts schaute ich nach den Sternen und erfreute mich am milden, vollen Schein des Mondes. Manchmal war es, dass ich in so einer Nacht über die Dinge nachzusinnen begann; als ob sie leuchtende Wegweiser zu einer ungestörten, staunenden Ruhe wären.

Auch veränderte sich mein Verhältnis gegenüber der anderen Seite des Berges. Erreichte ich den Gipfel, so schaute ich in das ferne, in der tiefe dampfende Tal, und es überkam mich ein Bedauern, während der Stein unbezwingbar seinen Weg hinab nahm. Es schien mir, dass die Menschen einsichtiger wurden, nach weiterentwickelten, der Erhaltung des Ganzen dienenden Maßnahmen griffen, um die Katastrophe zu mildern, wenn es, sie zu bewältigen, ihnen auch noch nicht gelang, waren ihnen doch die Zusammenhänge fast genausoweit entfernt, wie sie mir es waren.

Nicht mehr die Arbeit, nicht mehr die Notwendigkeit so zu bestehen, sondern die Suche nach dem Zusammenhang, dem eigentlichen Zweck dieses Geschehens, den ich einmal gewusst haben musste, wurde zum wunden Punkt meines weiteren Bestehens. Und manchmal schien es mir, als sei ich nur dadurch, nur durch dieses Forschen ganz in den anfänglichen, erbarmungslosen Zustand zurückgeworfen. Schlimmer noch: Ich erkannte als die eigentliche Pein, davon nicht lassen zu können und immer weiter danach zu suchen."

Ich blickte in sein Gesicht. Es schien, als liefe darüber eine Träne. Ich schaute auf den Boden und berührte seine Hand. Dann wollte ich sie umgreifen. So mächtig war sie in ihrer ausgebildeten Breite, dass es mir nicht gelang.

Während er den Stein weiterschob, den ich nun ausführlich zu bestaunen begann und der schwarz und von einer undurchdringlichen Glätte war, wandte er sich zu mir: „Nun", sagte er, „wie kommst du hierher? Noch nie habe ich einen Menschen auf dieser Seite des Berges gesehen. Das scheint mir ganz unnatürlich zu sein." Alles wurde mir mit einem Male wieder bewusst, sodass mein Gesicht sicherlich fahler wurde als das eines Mädchens, das ihren Liebhaber im umwölkten Mondschein plötzlich verstorben sieht. „Ein Unglück war es; vielleicht ähnlich dem deinen. Ein Staubkorn war es, das mir anvertraut, das ich in meiner Hand immer vor meinen Augen tragen sollte. Am Anfang ging es gut, sah ich doch nichts als dieses. Es ging mir nicht aus dem Sinn. Darüber kam es, dass ich es unermüdlich zu erforschen begann. Dann am lichtesten Tage, oder war es in tiefster Nacht, wie groß war die Freude, wie größer das Leid, in das die Freude fiel: sprang doch in jenem Moment des Erkennens das Staubkorn tief in meine Brust, sodass ich zu sterben begann, aber auf dem Weg dorthin nicht mehr sterben konnte, sodass ich wieder zu leben begann, obwohl dies auch nicht mehr möglich war.

So wandere ich, meine ganze Seele erforschend, dahin, erforschend die Stätten und Herzen der Menschen und das vage Benannte, leibhaftig noch und schattenhaft schon, ein rastloser Wanderer im Weltenlauf."

Ludwig Legge

Gehirne
Denkfabriken
revolutionäre Zellen
Schädeltrauma
Hirntumore

wie lange sind die Gedanken noch frei

gleichgeschaltet ferngelenkt abgeschaltet

Denktransfer

die Regulierungsbehörde für korrektes Denken
hat ihre Arbeit längst aufgenommen

Bewußtseinsspaltung
Gedankenzerstäuber
Nürnberger Trichter
Hirnstromableser
Gehirnkammergericht

Sikhs Suks Sax Sex

Angesetzt wird der Gehirnscanner
damit kann man schon genau feststellen
ob jemand horizontal oder vertikal denkt
ob er rot oder blau sieht

wir sollten schwarz sehen
in unsere Neurozukunft

Im Verlag Blaues Schloss erschien Ludwig Legges Gedichtband „Chimären in der Warteschleife"

MARBURGER HOF
Mein Hotel

Im Zentrum Marburgs liegt das seit 1959 im Familienbesitz befindliche Traditionshotel „Marburger Hof". „Jemanden zu Gast zu haben, heißt für sein Glück zu sorgen" ist seit jeher das Motto der Familie Richter-Cañaveras.

Die historische Altstadt, aber auch reizvolle Rad- und Wanderwege sind in wenigen Minuten erreichbar.
Das Hotel spricht sowohl Business- als auch Privatreisende an und verfügt über 100 ruhige Zimmer in den Kategorien Komfort, Economy und Standard sowie 15 Suiten und Juniorsuiten.
Das Frühstück wird im separaten Frühstücksrestaurant mit angeschlossener Sonnenterrasse serviert.
Kulinarisch verwöhnt das Restaurant „Domingo's" im mediterranen Ambiente mit Tapas, spanischen Spezialitäten, frischem Fisch und Weinen.

MARBURGER HOF
Mein Hotel

Hotel Marburger Hof
Elisabethstraße 12
35037 Marburg
Tel. +49 6421 590 75 0
Fax +49 6421 590 75 100
www.marburgerhof.de
info@marburgerhof.de

Kapitel 14

K. H. Symon

Verlag Blaues Schloss

Hier steht alles schwarz auf weiß", sagte der Maler Volker Benninghoff und klopfte mit seiner schweren Hand auf einen Papierstapel.

„Auch in Farbe", lachte ich.

„Ja, auch in Farbe, die Werkauswahl, die ich getroffen habe", bestätigte Benninghoff. „Ich werde das Manuskript nächste Woche zum Galeristen A. nach Berlin mitnehmen. Er vertreibt auch Kunstbücher und Kunstkataloge. Da bin ich ganz zuversichtlich, dass das was werden wird. Und das müssen wir natürlich begießen." Er beugte sich über den Tisch. „Noch Wein?"

„Ja, auf deine Autobiografie", nickte ich.

Der Maler lehnte sich in einen abgewetzten Sessel zurück: „Am besten du kommst nächste Woche wieder nach Frankfurt. Dann können wir die letzten Kleinigkeiten zu Ende bringen."

Bild: Blick aus dem Verlagsbüro

So saßen wir eines Abends vergnügt in Benninghoffs Atelier, um den Abschluss der zweijährigen Arbeit an dessen Autobiografie „Über den Versuch, Absolutes zu schaffen" zu feiern. Das rotschimmernde Weinglas in der Hand blickten wir zu den glühenden Punkten der Hoechstwerke hinauf, während an den Fabriktürmen Dampfschwaden emporstiegen, durch die der große Vollmond zu wandern schien.

Dieser beeindruckende Anblick ließ vor Benninghoffs innerem Auge wieder einmal die Vision seines endgültigen malerischen Durchbruchs erstehen. So schaute er recht zufrieden nach den Wänden seines Ateliers, auf denen die Scheinwerfer der Höchstanlagen die nass leuchtenden Farben der frisch gemalten Gemälde fluteten.

Eines Nachts in der Woche darauf hatte ich noch einmal die Datei mit Benninghoffs Biografie durchgesehen und machte gegen 2:00 Uhr meine letzte Sicherung. Dann legte ich mich für wenige Stunden ins Bett, denn um 8:00 Uhr ging mein Zug. Die Nacht wurde aber noch kürzer, als ich erwartet hatte. Um 6:00 Uhr klingelte bereits das Telefon. Eine von Benninghoffs Töchtern teilte mir mit, dass ihr Vater in dieser Nacht ganz überraschend verstorben sei und es nun wenig Sinn mache, wegen der Autobiografie nach Frankfurt zu kommen. Das Weitere werde sich aber im Laufe der Zeit ergeben.

Mir wurde klar, dass nicht nur Volker Benninghoff gestorben war, sondern auch die Veröffentlichung seiner Autobiografie. Das bedauerte ich sehr, zumal ich Benninghoff über dreißig Jahre gekannt hatte, fasste es aber als höhere Gewalt auf. Zwei Jahre vergingen, in denen mir zunehmend klarer wurde, dass etwas geschehen musste, damit diese Niederschrift nicht umsonst gewesen war.

Aber wie sollte das möglich sein ohne endloses Herumreichen des Manuskriptes an diverse Verlage, also ohne jenes zeitraubende Lotteriespiel, worauf eine Buchveröffentlichung in den meisten Fällen hinausläuft.

Kinder- und Hausmärchen der Gebrüder Grimm
Analysen und Frauenbild
Joachim Kutschke
Wiedersehen auf
Über Vieles im Ganzen
Hans Schauer:
Ein Lob der Vielfalt
Gezeiten wechsel
Gedichte und Erzählungen
Joachim Kutschke
Sieg der Windmühlen
Regine Wagner-Preusse
Vorsicht Schule!!!
Leben in schulischen MINENFELDERN
Brüchige Idylle
Vergils Hirtengedichte
mit einer neuen Übersetzung
von Anna Elissa Radke
Über Vieles im Ganzen
Band 1
Hans Schauer:
Über Monotheismen
und ihren Anspruch,
ihr je eigener Gott
sei der einzige überhaupt
Kiichiro Fukuda
Untersuchungen zu Kants Religionslehre
Ist der tugendhafte Atheist innerhalb der Kantischen praktischen Philosophie möglich?
Die philosophische Schwärmerei
Theologie im Paradies
Kleine Schriften zu Theologie und Religion
Herausgegeben von Marian Zachow
Christoph Elsas
Elke Therre-Staal
Hannah Arendt
Hannah Arendt trifft Walter Be
auf der Flucht
Ein Schatten im Rosengarten
Bilder, Gedichte und Gedanken
Elisabeth Symon
Joachim Kutschke
„geil“, „ätzend“ und „keine Ahnung“
Jugendliche im Irrgarten unserer
Der Durchstreicher
Horst Schwebel
Kuriose Befindlichkeiten
Wie man ihnen ein Schnippchen schlägt, sie mit Humor und Fassung trägt
Helmut Hering
Susanne Trinkaus
Blaues Schloss
n Versuch,
Verlag Blaues Schloss
Ludwig Legge
Neue Gedichte
Chimären in der Warteschleife
Machen
Rainer Lather
Sein
und
Verlag Blaues Schloss

Uni im Café
Neue Literarische Gesellschaft Marburg
1
Claus Uhlig
Jane Austens Romane
Kostüme, Dialoge und Philosophie
Blaues Schloss
Uni im Café
Neue Literarische Gesellschaft Marburg
2
Gerhard Marcel Martin
Apokalypse
Weltuntergang – innen und außen
Blaues Schloss
Uni im Café
Neue Literarische Gesellschaft Marburg
3
Arbogast Schmitt
Homer und wir
Blaues Schloss
Uni im Café
Neue Literarische Gesellschaft Marburg
4
George Orwell
nineteen
eighty-four
Heinz-Joachim Müllenbrock
George Orwell
- aktueller denn je
Blaues Schloss
Uni im Café
Neue Literarische Gesellschaft Marburg
5
Ralph Backhaus
Savigny in Marburg
Blaues Schloss
Uni im Café
Neue Literarische Gesellschaft Marburg
6
Wolfgang Drechsler
Gadamer in Marburg
Blaues Schloss
Uni im Café
Neue Literarische Gesellschaft Marburg
7
HANS JOACHIM LOPE
Voltaire: Aufklärer, Literat, Europäer
Blaues Schloss
Uni im Café
Neue Literarische Gesellschaft Marburg
8
WOLFGANG G. MÜLLER
Detektiv, Flaneur, Dandy –
drei mythische Figuren
der Stadtkultur des 19. Jahrhunderts
und ihre Aktualität
Blaues Schloss
Uni im Café
Neue Literarische Gesellschaft Marburg
9
OTTO KAISER
Martin Heidegger und das einfache Sagen
oder
Denker und Dichter in dürftiger Zeit
Blaues Schloss
Uni im Café
Neue Literarische Gesellschaft Marburg
10
CHRISTOPH FRIEDRICH
Pharmaziegeschichte –
ein Marburger „Orchideenfach"
Blaues Schloss

Glück beruht nicht so sehr auf blankem Zufall, sondern mehr auf dem Zusammenspiel günstiger Umstände

Einer von diesen günstigen Umständen war es, dass die Malerin Annegrete Henke-Reinarz mich bat, einen Gedichtband in Buchform zu bringen.

So begann ich, mich mit digitalen Druckereien zu befassen. Und schließlich konnte ich ihr einen kleinen Stapel ihres Gedichtbändchens „Gezeitenwechsel" überreichen. Damit schien für mich die Sache abgeschlossen zu sein.

Als ich wieder einmal Benninghoffs Autobiografie auf dem PC durchblätterte, verband ich beide Ereignisse miteinander.

Vielleicht ließen sich, so überlegte ich, auf die gleiche Weise einige Benninghoff-Bücher erstellen.

Während ich dieses in die Tat umzusetzen begann, reifte in mir der Gedanke, nicht nur eine Handvoll Bücher herstellen zu lassen, sondern eine kleine Auflage herauszugeben. Als Privatedition ohne Inanspruchnahme eines Verlags.

Ich teilte diese Idee dem Galeristen Michael Hermann mit, der auch Bilder von Benninghoff vertrieb. Er war sofort begeistert. Wir überlegten nun, den Kreis der Freunde Benninghoffs zu erweitern. Verschiedene Kontakte innerhalb Marburgs wurden aufgenommen, um Unterstützer für dieses Projekt zu gewinnen. Wir waren erstaunt, wie unbürokratisch und persönlich die Angesprochenen ihre Mithilfe bekundeten, so z. B. Herr Bandte vom Landestheater, Herr Pätzold vom Kunstverein, Herr und Frau Ahrens und einige mehr.

Dann geschah es

Mit einer Buchauflage von ca. 60 Exemplaren rückte Volker Benninghoff noch einmal ins öffentliche Interesse der Stadt Marburg. Auch mittels Presseartikel und einem gut besuchten Lesungsabend im Kunstverein. Dort las mit der gleichen kraftvollen Stimme, mit der sich einst Benninghoff kundtat, nun der ehemalige Intendant vom Marburger Schauspiel Eckhard Dennewitz einige Passagen aus der Autobiografie des Verstorbenen vor. Über zwanzig Bücher gingen unmittelbar nach der Lesung in die Hände interessierter Besucher über. Die weiteren Bücher waren nach wenigen Wochen verkauft. Auch die Bibliotheken der Stadt, die Nationalbibliothek und die Landesbibliothek nahmen Benninghoffs Autobiografie in ihren Bestand auf. Sie wird dort auf Dauer zu finden sein.

Als ich bei Ludwig Legge auf dem prominenten, roten Sofa in dessen Literaturbüro saß, war er vom Erfolg dieser minimalistischen Unternehmung angetan. Und er nutzte die Gelegenheit, das Eisen, solange es noch heiß war, ein wenig in seinem Sinn zu schmieden.

Die literarische Gesellschaft hatte schon seit Jahren keine Publikationsplattform mehr, wie er es nannte. Und Ludwig Legges Logik war bestechend: wenn man ein so schönes Buch machen konnte, dann konnte man sicherlich auch ein weiteres schönes Buch herstellen. Mir hingegen schien der Unterschied zwischen einem einzelnen Buchprojekt und einer generell verlegerischen Tätigkeit etwas gravierender. Andererseits hatte ich mich vor geraumer Zeit mit dem Verlagswesen befasst. Nicht so sehr, um einen Verlag zu gründen, sondern um dem Verhältnis von Verlag und Autor auf die Spur zu kommen. Des Weiteren war mir das Metier nicht unbekannt. Ich hatte mehrere Jahre in der familieneigenen Druckerei „Symon & Wagner“ gearbeitet und war somit mit der traditionellen Buchherstellung im Offsetdruck vertraut. Außerdem hatte mein Vater aufgrund seiner Erfahrungen mit der Herstellung akademischer Bücher den „Schwarz Verlag“ entwickelt, bedingt durch die Verbindungen zu diversen Instituten der Universität. Das lag zeitlich zwar alles ein wenig zurück, war mir aber noch in guter Erinnerung.

Trotzdem blieb ich skeptisch. Zudem hatte ich mich vor Kurzem aus dem Berufsleben zurückgezogen. Wozu also sollte ich mir jetzt freiwillig noch einen Klotz ans Bein binden?

Aus der *Sonderediton* Verlag Blaues Schloss

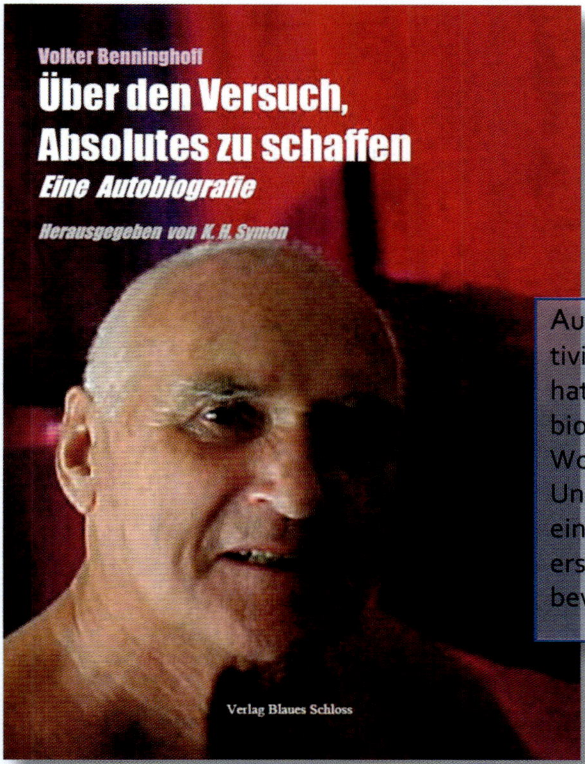

Aufgrund der Hemmung seiner malerischen Aktivitäten durch einen Krankenhausaufenthalt, hatte Volker Benninghoff begonnen, seine Autobiografie aufs Papier zu bringen. Da hatte das Wort Manuskript noch seine volle Berechtigung. Und in den folgenden Jahren 2008- 2009 hatte er einen Durchlauf durch sein ereignisreiches Leben erstellt, in Form einer eloquenten, den Leser mitbewegenden Biografie.

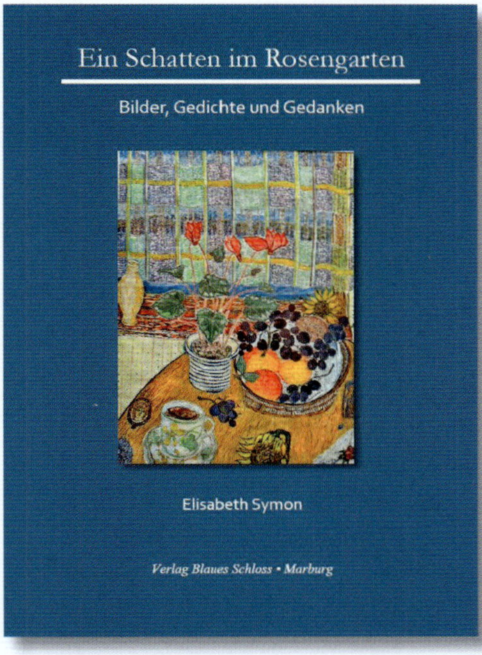

Das Buch „Ein Schatten im Rosengarten" stellt chronologisch einen Teil der Zyklen des malerischen Schaffens von Elisabeth Symon vor sowie einen Ausschnitt ihrer Niederschriften aus Tagebucheintragungen, Briefen und Gedichten. *„Ihre feingliedrig gemalten Bilder – meist kleinformatig – erzählen auf philosophische Weise, in zyklisch aufgereihten Kunstwerken, eine Art rätselhafte Bildersprache von großem Ernst, von Melancholie, vor allem auch von der Fröhlichkeit ihres Herzens"*, urteilte die Marburger Malerin Annegrete Henke-Reinarz. Die späteren Arbeiten bestanden aus Aquarellen, in denen sie ihren eigenständigen Stil in verschiedenen Zyklen entwickelte, und aus Illustrationen literarischer Vorlagen.

Kann ein Autor mehr tun, als ein gutes Buch zu schreiben?

Im weiteren Zusammenspiel glücklicher Umstände geschah es, dass ich mit dem Leiter des Marburger Tectum Verlags Bekanntschaft schloss. Das wurde wiederum dadurch bedingt, dass ich Professor Hans Schauer bei der Verschriftlichung seiner äußerst umfangreichen Homepage zur Seite stand. Hans Schauer andererseits war mit einer Rezension über Heinz-Werner Kubitzas „Der Jesuswahn" für die Zeitschrift „Aufklärung und Kritik" beschäftigt.

Herr Kubitza übernahm nicht nur die Herstellung von Hans Schauers „Über Vieles im Ganzen, Band 1: Über Monotheismen", sondern er lud mich auch zu einigen Gesprächen in sein Büro ein. Ich war beeindruckt von seiner Offenheit und seinem persönlichen Interesse. So sprachen wir speziell über Bücher, Autoren und Verlagswesen.

Als Herr Kubitza auf die Belletristik zu sprechen kam und mit großer Nüchternheit feststellte, dass selbst ein großartiger Autor, von denen es sicherlich einige gäbe, als Unbekannter nicht die geringste Chance habe, in einem renommierten Verlag publizieren zu können, sah ich das Widersinnige der Lage recht deutlich. Kann ein Autor mehr tun, als ein gutes Buch zu schreiben? Wenn das keine Rolle spielt, wie sieht es dann aus mit den Chancen auf eine Wirkung? Bislang dachte ich, dass sich im Kunstbetrieb einfach das durchsetzt, was gut ist. Wie es eben auch in anderen Bereichen wie z. B. der Wissenschaft oder Wirtschaft geschehen sollte. Mir wurde klar, dass sich bei der gegenwärtigen Handhabe für das künstlerische Potenzial einer Kultur Abgründe auftaten, soweit das Medium Buch betroffen war.

Ganz so einfach wollte ich das nicht hinnehmen

In mir entstand die Idee von einem intelligenten Instrument, das minimalistisch arbeitet und die Vorteile des Digitaldrucks, die Möglichkeiten einer Vernetzung im Internet und die Wirkungssphäre persönlicher Kontakte miteinander verbindet. Also durch anpassungsfähige Kleinauflagen die richtigen Bücher zu den richten Lesern bringt. Und darüber hinaus ein System der weiteren Verbreitung durch regionale Presseberichte mit einer Netzpräsenz verknüpft, die bei Bedarf sofort zur Verfügung stehen kann. So war zumindest die Grundidee.

Die Idee allein erlegt noch keinen Bären

Des Weiteren sollte man nicht die Felle von noch lebenden Bären verkaufen. Das war eine alte Trapperweisheit, die ich meiner Jugendlektüre von Travens Erzählungen verdankte. Hätte man sich in der Finanzwirtschaft auch an diese einfache Regel gehalten, hätte es die vor einiger Zeit stattgefundene Finanzkrise sicher nicht gegeben.

Indessen tat sich auch einiges in Herrn Legges Literaturbüro: Die ersten potenziellen Autoren aus der Riege der NLG fanden sich auf dem roten Sofa zusammen. So Ludwig Legge selbst mit seinem Gedichtband „Chimären in der Warteschleife“, Professor Horst Schwebel mit einer Sammlung satirischer Erzählungen („Der Durchstreicher“) und Hans Schauer mit seiner philosophischen Arbeit über den Monotheismus.

Aufgrund dieses recht übersichtlichen Anfangs gab ich schließlich dem Drängen nach und meldete im November 2011 den „Verlag Blaues Schloss“ als Gewerbe an.

Natürlich hatte ich den Aufwand, der weit über den der Buchherstellung hinausgeht, vollkommen unterschätzt.

„Uni im Café“

Die Entscheidung, eine Auswahl der „Uni im Café“-Lesungen zu publizieren, brachte nicht nur einen größeren Buchherstellungsaufwand mit sich, sondern auch zahlreiche Kontakte und einen umfassenden persönlichen Austausch in Bezug auf Philosophie, Theologie und Sprachwissenschaften.

Der emeritierte Anglist Claus Uhlig eröffnete die Publikationsreihe „Uni im Café“ mit dem Thema „Jane Austens Romane. Kostüme, Dialoge und Philosophie“. Ihm schloss sich der emeritierte Theologe Gerhard Marcel Martin mit „Apokalypse – Weltuntergang innen und außen“ an. Dann konnte Ludwig Legge für den dritten Band Professor Arbogast Schmitt mit „Homer und wir“ gewinnen. Herr Uhlig wiederum vermittelte Professor Heinz-Joachim Müllenbrock, der als vierten Band „Orwell – aktueller denn je“ erstellte, sowie den ebenfalls emeritierten Wolfgang G. Müller, der seinen Vortrag „Detektiv, Flaneur, Dandy – drei mythische Figuren der Stadtkultur des 19. Jahrhunderts und ihre Aktualität“ als achten Band zu Papier brachte. Zuvor hatten Professor Ralph Backhaus, Professor Wolfgang Drechsler und der emeritierte Hans Joachim Lope die Reihe mit Band Fünf: „Savigny in Marburg“, Band Sechs: „Gadamer in Marburg“ und Band Sieben „Voltaire: Aufklärer. Literat, Europäer“ fortgesetzt. Daraufhin veröffentlichte der Alt-Theologe Otto Kaiser seinen Vortrag „Martin Heidegger und das einfache Sagen – oder Denker und Dichter in dürftiger Zeit“ und der Pharmazeut Professor Christoph Friedrich führte als erster mit dem Thema „Pharmaziegeschichte – ein Marburger Orchideenfach“ mit Band zehn die Naturwissenschaft in die Reihe ein. Das geschah zur Zeit des 40-jährigen Jubiläums der NLG im November 2013. Im Jahr 2014 hielt Professor Sabine Föllinger den Vortrag über „Ich brauche keine Millionen. Der Zusammenhang von Egoismus, Ökonomie und Glück bei Platon“, dessen Publikation noch in Arbeit ist. Im September 2014 wird Professor Wolfgang G. Müller den Vortrag im Café Vetter halten über: „Lachen und/oder Weinen. Komödie und Tragödie bei Shakespeare“. Voraussichtlich wird der Beitrag noch 2014 erscheinen.

Die Tafelrunde im „Auerbachaus“

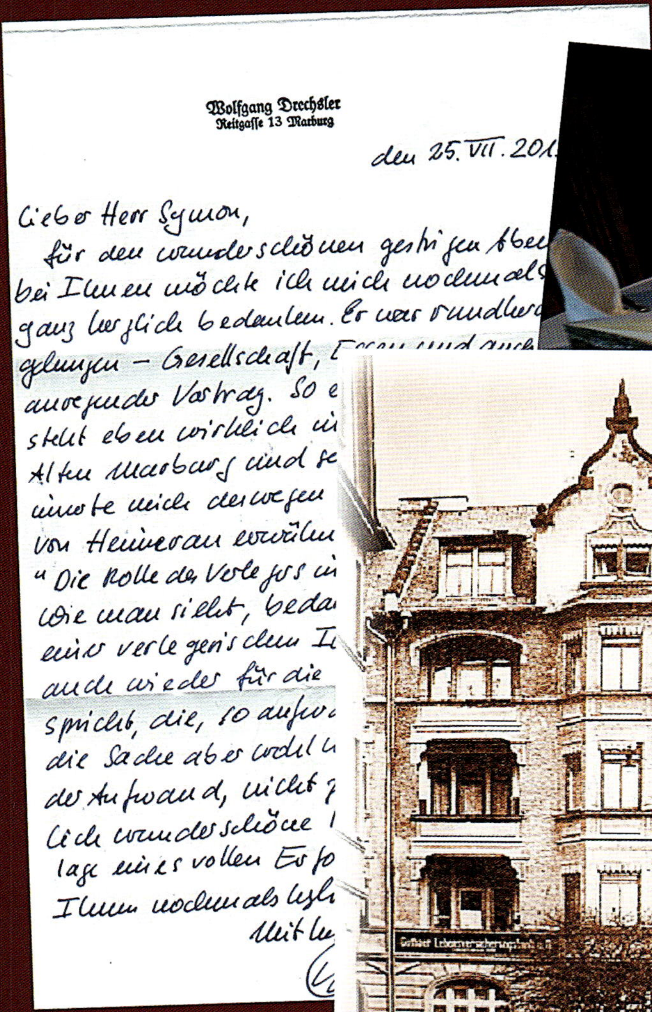

Wolfgang Drechsler
Reitgasse 13 Marburg

den 25. VII. 201

Lieber Herr Symon,
für den wunderschönen gestrigen Abe
bei Ihnen möchte ich mich nochmals
ganz herzlich bedanken. Es war rundher
gelungen – Gesellschaft, E
anregender Vortrag. So e
steht eben wirklich i
Alten Marburg und se
innerte mich deswegen
von Heimeran erwähn
„Die Rolle des Verlegers i
Wie man sieht, beda
eines verlegerischen I
auch wieder für die
spricht, die, so aufw
die Sache aber wohl
der Aufwand, nicht
lich wunderschöne
lage eines vollen Er
Ihnen nochmals herzl
Mit he

Speisekarte

FÜR

Prof. Dr. Claus Uhlig

APERITIVO

KIR PRO SECCO COSTA LONGA

•

JAKOBSMUSCHELN UND GARNELEN
AUF RISOTTO ALLA MILANESE
UND GRÜNER SPARGEL

WEINGEDECK 1: 2011 SANCERRE, CAVE DE SANCERRE A.C.

•

SCHWEINEFILET-MEDAILLON
NACH SALTIMBOCCA ART
AN ORANGEN-WEISSWEINSOSSE
GEBACKENE ROSMARINKARTOFFELN MIT GEGRILLTEM GEMÜSE

WEINGEDECK 2: DOMAINE BARON DE ROTHSCHILD (LAFITE)
LOS VASCOS 2008. CABERNET SAUVIGNON,
CUVÉE ESPECIAL

•

HARTKÄSETELLER

APPENZELLER
FRISCHER ZIEGENKÄSE
ALTER AMSTERDAMER

MIT RUMBIRNE UND FEIGENSENF

*WEINGEDECK 3: ROCCA DI MONTE MASSI, MICALE 2011
MAREMMA TOSCANA*

Gäste der Tafelrunde
„Uni im Café"
im Auerbachhaus

24. Juli 2013 in der Friedrichstraße 3
Marburg an der Lahn.

Prof. Dr. Claus Uhlig
Prof. Dr. Gerhard Marcel Martin
Prof. Dr. Arbogast Schmitt
Prof. Dr. Ralph Backkaus
Prof. Dr. Dr. h.c. Wolfgang Drechsler
Prof. Dr. Hans Joachim Lope
Prof. Dr. Wolfgang G. Müller
Prof. Dr. Dr. h.c. Horst Schwebel
Ludwig Legge

Gastgeber: K. H. Symon

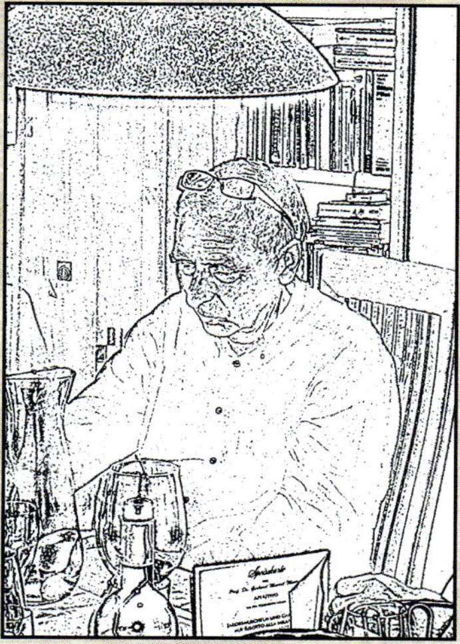

Uni im Café
Tafelrunde im Auerbachhaus

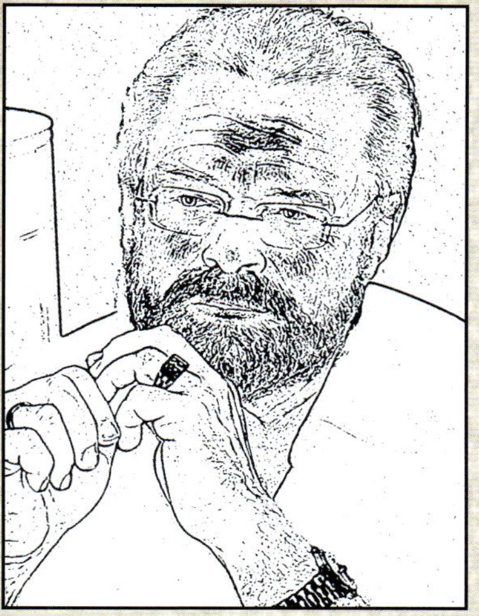

Die Tafelrunde im „Auerbachhaus"

Als die Reihe „Uni im Café" den achten Band erreicht hatte, nahm ich das zum Anlass, die jeweiligen Autoren zu einer Tafelrunde im „Auerbachhaus" – so taufte Claus Uhlig meinen Wohnsitz in der Friedrichstr. 3, der in den 1920er Jahren als „Gothaerhaus" bekannt war – an einem Tisch zu einem Abendessen und einem gemeinsamen Gespräch zusammenzubringen. Die „Tafelrunden" hatten schon seit der Verlagsgründung regelmäßig stattgefunden. Dabei erörterten in wechselnder Besetzung Heinz-Werner Kubitza, Hans Schauer, Kiichiro Fukuda, Boris Dunsch, Horst Schwebel, Joachim Kahl und Ludwig Legge während eines gemeinsamen abendlichen Mahls ein vorgegebenes Thema. Sah ich anfänglich zwischen Aperitif, Speisegängen und diversen Weinen die Disziplin für die gemeinsame Erörterung eines Themas gefährdet, so gelang es bislang jedoch immer wieder, den seichten Small Talk in tiefere Gewässer einmünden zu lassen.

Der größer gewordene Kreis der Tafelrunde, nun mit Otto Kaiser, Claus Uhlig, Hans Joachim Lope, Wolfgang Drechsler, Ralph Backhaus, dem Maler Rainer Lather und meinem Verlagsassistenten Benedikt Julius Klein, erforderte eine jeweils verschiedene Zusammensetzung der Abende, da die Obergrenze von zehn Personen nicht überschritten werden sollte.

Belletristische Autoren

„Uni im Café" ist zwar eine Erweiterung des kulturellen Angebots der NLG an die Stadt Marburg, die „schöne Literatur" bleibt aber nach wie vor der Schwerpunkt des Programms. Wird dieser nun von prominenten Literaten in Form von Gastlesungen bedient, wollten die literarische Gesellschaft und der Verlag Blaues Schloss auch ihre eigenen Autoren in der Stadt Marburg präsentieren.

So z. B. Joachim Kutschke, der neben seinen pädagogischen Leitartikeln im „Spiegel" mit „Wiedersehen auf Mallorca" und „Sieg der

Autoren des Verlages

Windmühlen" zwei Romane im „Blauen Schloss" veröffentlichte.

Seinen beiden Roman-Debüts schloss Kutschke einen pädagogischen Ratgeber zur gegenwärtigen Lage der Jugend an.

Weiterhin im Bereich des Romans steuerte die Pädagogin und langjähriges Mitglied der NLG Frau Regine Wagner-Preusse ihre belletristische Analyse des gegenwärtigen Schulwesen bei. Ihr Roman „Vorsicht Schule" ist eine Darstellung gegenwärtiger Schulsituation und geht sowohl Lehrern wie Schülern als auch Eltern mit seiner Brisanz unter die Haut.

In humoristische Gewässer führte hingegen Helmut Hering aus Ober-Weimar mit dem von Susanne Trinkaus illustrierten Band „Kuriose Befindlichkeiten". Nach derartigen Befindlichkeiten war offensichtlich ein hoher Bedarf, sodass in wenigen Wochen über 800 Exemplare verkauft wurden. Horst Schwebels ausgezeichnete Satiren über den Kunstbetrieb konnte mit dieser Auflagenhöhe problemlos konkurrieren, was darauf schließen lässt, dass in Marburg wohl gerne gelacht wird.

Die Psychiaterin Elke Therre-Staal brachte indessen den gewohnten städtischen Ernst mit ihrem Band „Kinder und Hausmärchen der Gebrüder Grimm, Analysen und Frauenbild" zurück. Der Erfolg des Buches veranlasste den Verlag, Frau Therre-Staal bei ihrer Reihe über Hannah Arendt zur Seite zu stehen. Zumal Martin Heidegger und Rudolf Bultmann nicht nur mit dem Schicksal Hannah Arendts verbunden waren, sondern auch als historische Persönlichkeiten einen Bezug zu Marburg hatten. So sind bereits die ersten beiden Bände „Hannah Arendt trifft Walter Benjamin auf der Flucht" und „Ich bin hier – Hannah Arendts Wiedersehen mit Martin Heidegger" erschienen, der dritte Band befindet sich derzeit in Vorbereitung.

Über die literarischen Gattungsformen hinaus hatte ich Zeit meines Lebens auch der Malerei viel abgewinnen können. So lag es für mich als Verleger nahe, den Marburger Maler Rainer Lather in das Verlagsprogramm aufzunehmen. Zumal sein Text, ein Großessay über einen Kulturvergleich malaysischer Archaik und westlicher Zivilisation, von herausragender literarischer Qualität war. Der ehemalige Theologieprofessor Gerhard Marcel Martin stelle sogar fest, dass dieser Text das Potenzial von Blochs „Prinzip Hoffnung" habe, nur mit dem Unterschied, dass Rainer Lather den Zustand des Aushaltens ohne vielversprechende Hoffnung in Szene setze. Auch die Gestaltung des 130-seitigen, großformatigen Bandes mit zahlreichen Farbabbildungen von Arbeiten des Malers macht das Besondere dieses Buches als Gesamtkunstwerk aus. So entstand im Verlag auch die Option, die Buchausstattung und das Layout als Gesamtkonzept zu realisieren, wofür Prinzhorns „Bildnerei der Geisteskranken" und die Kunstausgaben von Stephan George als Vorbild dienten. Sicherlich wäre, wie bei George, eine buch- und verlagseigene Typografie oder ein bestimmter Schriftschnitt der Gipfel des Besonderen.

Frau Anna Elissa Radke wandte sich nicht nur der Lyrik zu, sondern dem Gebiet der lateinischen Übersetzung. In ihrem Buch „Brüchige Idylle" überträgt sie Vergils Hirtengedichte in eine originelle Sprache der heutigen Zeit. Die Kapitel des Buches wurden mit Schafsbildern der Fotografin Anita Zander illustriert.

Philosophie

Hans Schauers Band 2: „Ein Lob der Vielfalt" stellt den vagen Unendlichkeiten der Attribute des alleinherrschenden Monotheos eine für Menschen verträglichere und dienlichere Vielfalt von Positivitäten gegenüber.

Dabei orientiert er sich an den ursprünglichen Pluralitäten der Familie, an der sich selbst organisierenden Gemeinde und der politischen Gewaltenteilung, aber auch ganz modern an den Möglichkeiten der Teamarbeit und der multidisziplinären Forschung.

Professor Kiichiro Fukudas fast einjähriger Gastaufenthalt an der Marburger Universität schlug sich in seiner Betrachtung über Kants Religionslehre nieder. Die Publikation der Abhandlungen „Ist der tugendhafte Atheist innerhalb der kantischen praktischen Vernunft möglich?" und „Die Philosophische Schwärmerei" fand über den Luftweg im Herzen Japans einen außereuropäischen Markt. Der Kanthunger der Japaner schien also ähnlich groß wie der Appetit der Abendländer auf fernöstliche Philosophien. Der Marburger Fachbereich der Kantischen Philosophie hatte indessen dieses euro-asiatische Intermezzo ein wenig verschlafen.

Theologie im Paradies

Caldern mag von Marburg aus gesehen hinter den Bergen liegen. Und doch sind der Pfarrort und das frühere Kloster mit Marburg und der Universität eng verbunden. Dem katholischen Kloster bekam die geografische Nähe zum protestantischen Landgrafen Philipp allerdings nicht so gut. Er vereinnahmte kurzerhand den Besitz des Klosters, sodass ein Teil der historischen Gebäude immer noch im Besitz der Universität ist. Später profitierte die protestantische Pfarrgemeinde von diesen wirtschaftlichen Voraussetzungen, indem die Theologie der Universität dem Pfarrer eine Mensur als Professor ermöglichte. Der letzte Pfarrer von Caldern soll sogar noch per Pferd über die besagten Berge zur Universität geritten sein.

Kein Wunder also, dass die emeritierten Professoren der Marburger evangelischen Theologie noch in Verbindung mit Caldern stehen. Ein Umstand, der Pfarrer Marian Zachow veranlasste, die Veranstaltungsreihe „Theologie im Paradies" im Garten des ehemaligen Klosters ins Leben zu rufen.

Und diesem Ruf wurde bereits dreimal gefolgt. Einmal zum Thema „Jenseitsvorstellungen in den Religionen", vorgetragen von dem emeritierten Religionswissenschaftler Christoph Elsas, und ein Jahr später zum Thema „Das Paradies in Bibel und bildender Kunst“, vorgetragen von den Emeriti Rainer Kessler und Horst Schwebel. Die Vorträge erschienen als Band 1 und als Doppelband 2/3. Im Spätsommer 2014 hielt Professor Steinacker in Caldern den Vortrag: „Wagners Lohengrin“ der voraussichtlich als Band 4 der Reihe erscheinen wird.

Sonderedition

Mögen die Herstellungskosten einer Kleinauflage von Paperbacks bereits wirtschaftlich grenzwertig sein, so sind Hardcoverbände mit Schutzumschlag in den Herstellungskosten so unverhältnismäßig hoch, dass die Preisgestaltung dementsprechend ausfallen müsste und sich das Buch kaum verkaufen ließe.

Eine für den Leser dabei entgegenkommende Preisgestaltung führte zur Einrichtung der Sonderedition.

In dieser Edition wird auf eine ISBN und auf den Vertrieb über den Buchhandel verzichtet. Der Vorteil ist, dass die laufenden Kosten für das VLB und die Marge für den Buchhandel nicht anfallen, auch wenn im Einzelfall reduzierte Margen für den Buchhandel eingeräumt werden können. Die Kostensenkung wird direkt mit dem Endpreis verrechnet. So bleibt der Buchpreis einigermaßen vertretbar. Die Internetpräsenz und somit Auffindbarkeit des Buches ist unabhängig von VLB oder Amazon durch die verlagseigene Homepage gegeben.

Im Bereich „Sonderdrucke“ wurden als Hardcover die Autobiografie von Volker Benninghoff „Über den Versuch, Absolutes zu schaffen“, eine Werkauswahl der Malerin Elisabeth Symon „Schatten im Rosengarten – Bilder, Gedichte und Gedanken“ sowie des Hamburger

Malers Jörn Burzlaff „Claas Klaar" herausgegeben. Die Bände sind entweder mit zahlreichen Farbabbildungen versehen oder bestehen vollständig aus Farbseiten.

Des Weiteren liegt als Sonderedition der Gedichtband „Gezeitenwechsel" von Annegrete Henke-Reinarz als Paperback und in einer Hardcoverausgabe mit Schutzumschlag vor. Beide Ausgaben sind ohne Bebilderung.

Zudem ist über den Verlag der Werkkatalog des Malers Rainer Lather erhältlich.

Uwe Badouin Oberhessische Presse 24.11.2013

40 Jahre NLG • Feier und Festakt

Flaggschiff der Marburger Literaturszene

40 Jahre Neue Literarische Gesellschaft: Jubiläum wurde am Samstag mit Festakt im Rathaus gefeiert

Einen Kuchen und viele herzliche Worte gab es am Samstag im Marburger Rathaus für die Neue Literarische Gesellschaft. Eines war allen Rednern klar: Die NLG gäbe es ohne Ludwig Legge in dieser Form nicht.

40 Jahre Neue Literarische Gesellschaft (NLG), 40 Jahre Lesungen im Café Vetter: Das sind rund 1300 Autorenlesungen, darunter zwei Literaturnobelpreisträger und neun Georg-Büchner-Preisträger. Das

sind die nackten Zahlen. Doch verbirgt sich dahinter viel mehr, wie die Redner am Samstagvormittag deutlich machten.

Die ursprünglich geplanten 90 Minuten für den Festakt reichten bei weitem nicht aus, um die Verdienste des Literaturvereins und ganz besonders des Vorsitzenden Ludwig Legge angemessen zu würdigen. Als „Flaggschiff der Marburger Literaturszene" bezeichnete Stadträtin und Kulturdezernentin Dr. Kerstin Weinbach (SPD) die NLG. Doch den rund 300 Mitglieder starken Verein gäbe es nicht ohne einen Mann, der einen Großteil seines Lebens ehrenamtlich für die NLG gearbeitet hat: Ludwig Legge, selbst Dichter und Autor, steht dem Verein seit 40 Jahren vor.

Laudator Professor Horst Schwebel, ein Mitglied der ersten Stunde, sprach angesichts dieser langen Zeit, die Legge als Vorsitzender der NLG tätig ist, von einer „konstitutionellen Monarchie". Schwebel meinte dies keineswegs abwertend, sondern voller Hochachtung vor den Leistungen des Vorsitzenden.

Legge und Schwebel machten aber auch deutlich, dass dieses ehrenamtliche Engagement nur möglich gewesen sei, weil Legges Ehefrau Gabriele Ziehr die Familie ernährte. „Mein Erfolg ist auch ihr Erfolg", sagte Legge, der seine gesamte Energie in den Verein steckte und auch mit 76 Jahren noch immer steckt.

Inspiriert von der Aufbruchstimmung der frühen 1970er Jahre gründeten Legge und der verstorbene Reinhard Spalke 1973 die NLG. Die erste Lesung fand am 4. November 1973 im Café Vetter statt – fünf Autoren präsentierten „ungemein experimentelle Texte", erinnerte sich Schwebel. Das Café ist über all die Jahre Gastgeber für die NLG geblieben und sorgt so für die einzigartige Atmosphäre der NLG-Lesungen.

Die NLG wollte Marburg aus dem literarischen Dornröschenschlaf wecken, wie Schwebel betonte. Und es ist ihr gelungen: Schnell kamen die großen Autoren der Zeit nach Marburg – Günther Grass, Rolf Hochhuth, Martin Walser, Günther Zwerenz, Max von der Grün. Es waren Autoren, die mit ihren Texten die bundesrepublikanischen Debatten befeuerten.

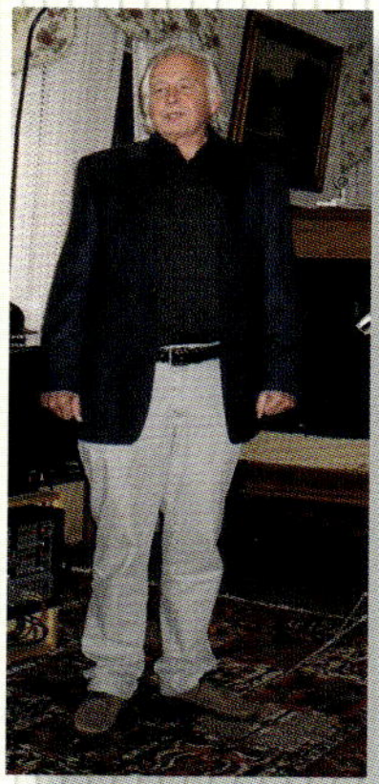

40 Jahrfeier der NLG

1. o. l.: Ludwig Legge
2. o.: Antje Michael, Gerlinde Schwebel
3. o.: Dr. Becker
4. o.: Matthias Mander

Mitte l.: Arthur. Wagner u.
Dr. Dr. Joachim. Kahl
Mitte r.: String Tango
u. l.: Herr Lohaus
u. Mitte: Dr. Martina Rottmann
u. r.: Prof. Dr. Happle

Politisch blieb auch die NLG. In den 1980er Jahren griff sie mit ihren Programmen auch in die politischen Debatten ein. Sie präsentierte viele Dissidenten aus dem damaligen Ostblock – nicht immer zum Wohlgefallen der Stadtväter. Die Dissidenten allerdings dankten dem Verein nach dem Fall des Eisernen Vorhangs. Erich Loest etwa las achtmal bei der NLG, Walter Kempowskis „Echolot" bekam in Marburg eine ganz besondere Ehrung: Eine Woche lang wurde das Buch von rund 200 Marburger Bürgern in einer Non-Stop-Lesung präsentiert.

Vier Ministerpräsidenten und drei Oberbürgermeister hat Ludwig Legge kommen und gehen sehen, er blieb als gewählter Monarch Vorsitzender des Vereins. Kerstin Weinbach bezeichnete das rein ehrenamtliche Engagement als „einzigartige Leistung".

Gratulieren wollte auch Professor Sergej Nikolajevic Jesin, der ehemalige Direktor des Moskauer Gorki-Instituts. „Uns verpflichtet eine lange Freundschaft", sagte Jesin. Er überbringe der in Moskau „berühmten Stadt Marburg" Grüße aus seiner Heimat. Die NLG sei ein erstaunlicher Verein. In einer Zeit, in der das Interesse an Literatur beständig zurückgehe, erinnere die NLG die Menschen beständig an die Literatur. „Die Russen", so Jesin, „rufen zu solchen Anlässen einfach Hurra!".

Axel Vetter, in der vierten Generation Chef des altehrwürdigen Café Vetter, hob die vielen namhaften Autoren hervor, die durch die NLG den Weg nach Marburg und in sein Café gefunden hätten. Auch die neue NLG-Reihe „Uni im Café" erweise sich als Volltreffer. Deren Erfolge und Ziele hob auch Arbogast Schmitt hervor: „Die Reihe ist eine überaus kluge Erweiterung des Programms." Durch die Zusammenarbeit mit dem Marburger Verlag Blaues Schloss erscheinen viele Vorträge auch in Buchform. Schmitt verglich die NLG mit den bedeutenden literarischen Salons vergangener Jahrhunderte.

Doch gibt es bei einem solchen Jubiläum nicht nur Freudiges zu berichten. Kerstin Weinbach und Horst Schwebel sprachen auch den Marburger Literaturpreis an, der von der NLG ins Leben gerufen wurde und dem Verein Anfang der 90er nach heftigen Kontroversen entzogen wurde.

Und Gabriele Ziehr beklagte im Gespräch mit der OP die geringen

l. o.: Dr. Kerstin Weinbach
l. u.: Prof. Dr. Horst Schwebel
r. o.: Prof. Dr. Arbogast Schmitt

Mitte: Ludwig Legge

Mitte r.: 1. Wilhelm Lückel, 2. Prof. Dr. Sergej Jesin,
3. Dr. h. c. Barbara Karhoff
u. r.: Axel Vetter

o. l.: Prof. Dr. Gerhard Marcel Martin
und Prof. Dr. Hans Schauer
o. Mitte: Georg und Gabriele Ziehr,
Dr. Dr. Joachim Kahl
Mitte l.: Prof. Dr. Arbogast Schmitt und
Frau, Roswitha Aulenkamp
Mitte r.: Prof. Dr. Otto Kaiser und Prof.
Dr. Jungraithmayr,
Prof. Dr. Hans Schauer
u. l.: Prof. Dr. Christoph Friedrich u.
Frau u. Mitte: Prof. Dr. Claus Uhlig
u. r.: Professor Klaus Kief im Publikum

Zuschüsse durch die Stadt Marburg, die für alternative Kultur weit mehr Mittel bereitstelle. „Die 500 Euro für unser kleines Büro in der Aulgasse sparen wir uns am Mund ab."

Musikalisch gekonnt umrahmt wurde der Festakt vom String Trio mit Diana Metzig (Geige), Gerd Schiebl (Cello) und Justus Noll (Klavier) und der herausragenden Pianistin Roswitha Aulenkamp.

Ein Rückblick

Matthias Mander

Gratulation zum 30jährigen Jubiläum

„Es ist fünf vor zwölf" sagen wir angesichts naher Gefahr. Dann, wenn es geboten ist, schnell Unglück abzuwenden. „Es ist fünf vor zwölf" bedeutet Zeitdruck, Notmaßnahmen, Unvollkommenheit.

Wir feiern heute 30 Jahre Literarische Gesellschaft Marburg. Wir feiern 30 Jahre nachhaltiges Einwirken deutscher und ausländischer Schriftsteller auf die Bürger dieser wunderbaren Stadt und auf die Gesellschaft dieses Landes durch eine im deutschen Sprachraum einmalige, nachhaltige Lesereihe unter dem Titel: „Literatur um elf"!

„Literatur um elf" - nicht „Literatur fünf vor zwölf"! Das soll heißen, rechtzeitiger, steter Zustrom schöpferischer Sichtweisen auf diese riesige Wirklichkeit, in der wir uns als Einzelne und als Gesellschaft bewähren sollen.

„Literatur um elf" soll heißen, ständiger Zustrom neuer Sprachmuster, neuer Weltbilder, neuer persönlicher Vorbilder, die unsere Fähigkeit zum Ertragen und zum Gestalten des Daseins begründen und erweitern.

Arbeitszeitverkürzung ohne Lohnausgleich - ich sage VW, Opel, Telekom, EnBW - ist das Zeichen für eine Neuverteilung menschlicher Kapazität zwischen Produktion und Meditation, zwischen Handeln und Denken. Diese durch Vernunft erzwungene Zunahme an reflektorischer, innengeleiteter Lebensform braucht viel, braucht mehr Wissensstoff.

Auch der krankhafte Anteil blinder äußerer Betriebsamkeit wird abnehmen zu Gunsten reifer Ausgeglichenheit, lebensfüllenden Durchblicks, Überblicks, des Einstiegs in personale Selbstbestimmung, Freiheit, Abenteuer im Kopf.

Es geht um Lebensglück, Lebensbilanzen mit immateriellen Werten!

Ausnahmslos alle Lebenssinngeber dieser Welt sind Literatur!
Das brauche ich vor Ihnen nicht weiter auszubreiten und zu begründen.

Sinnstiftende Denk- und Lebensordnungen entwickelten und erneuern sich ständig über literarisch generierte, literarisch erkenn- und fassbar werdende Sprachformen, Gleichnisse, Wahrbilder, Wandlungen, Auswege, Fernblicke... Über Literatur eben, literarische Lebenserkenntnisse und -bewältigungen.

Darum größter Dank an die Neue Literarische Gesellschaft Marburgs, die bereits seit der Zeitspanne einer Generation gründlich und geordnet, wohlvorbereitet die Wahrnehmung, die Wortwahl, das Lebensgefühl, die Sprachkraft, die schöpferische Vielfalt, die geistige Beweglichkeit zeitgenössischer Literaten ihren Zusehern und Zuhörern und so gewonnenen Lesern vermittelt, zu deren ganzheitlich verstandenem höchstem Nutzen.

Das, verehrte Festversammlung, hochverehrter Herr Vorsitzender Ludwig Legge, ist „Literatur um elf" - und nicht unwirksame „Literatur fünf vor zwölf"!

Als österreichischer Autor, der im Lauf der Jahre ein halbes Dutzend Mal hier sein durfte, aber auch als Vertreter der Österreichischen Gesellschaft für Literatur - deren Gratulationsschreiben ich überreichen darf - vor allem aber als Bürger des europäischen Kontinents, der um seine Wirtschafts- und Gesellschaftsordnung ringt, um neue gerechte, nachhaltige Lebensformen voll beglückenden geistigen Lebensinhalten, danke ich der jubilierenden Literarischen Gesellschaft Marburg für ihren gar nicht zu überschätzenden Beitrag zur Lebenskompetenz der jetzt weltverantwortlichen Generation.

Auf viele weitere Jahre im Dienst der Begeisterung!

GÄSTEBUCH

Dieses Gästebuch kann nur einen schmalen Ausschnitt aus den bisher fünf dickleibigen Gästebüchern der Neuen Literarischen Gesellschaft bieten. Allein die Aufnahme der Einträge der herausragenden Persönlichkeiten hätten den vorgegebenen Platz gesprengt. So ist die Auswahl zum Teil zufällig und möchte nur eine Andeutung geben von der Anzahl und der Vielfalt der Eintragungen.

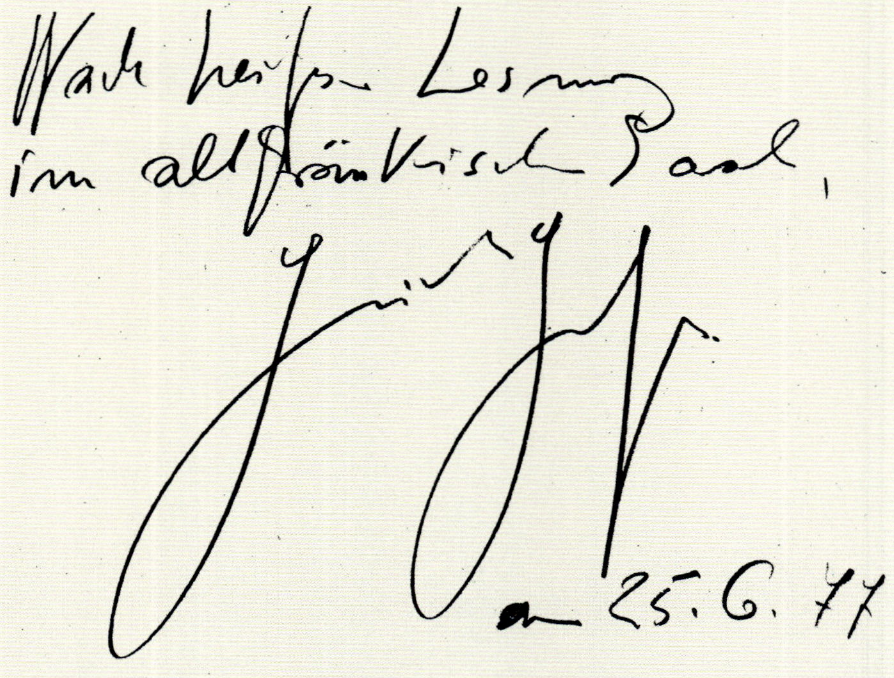

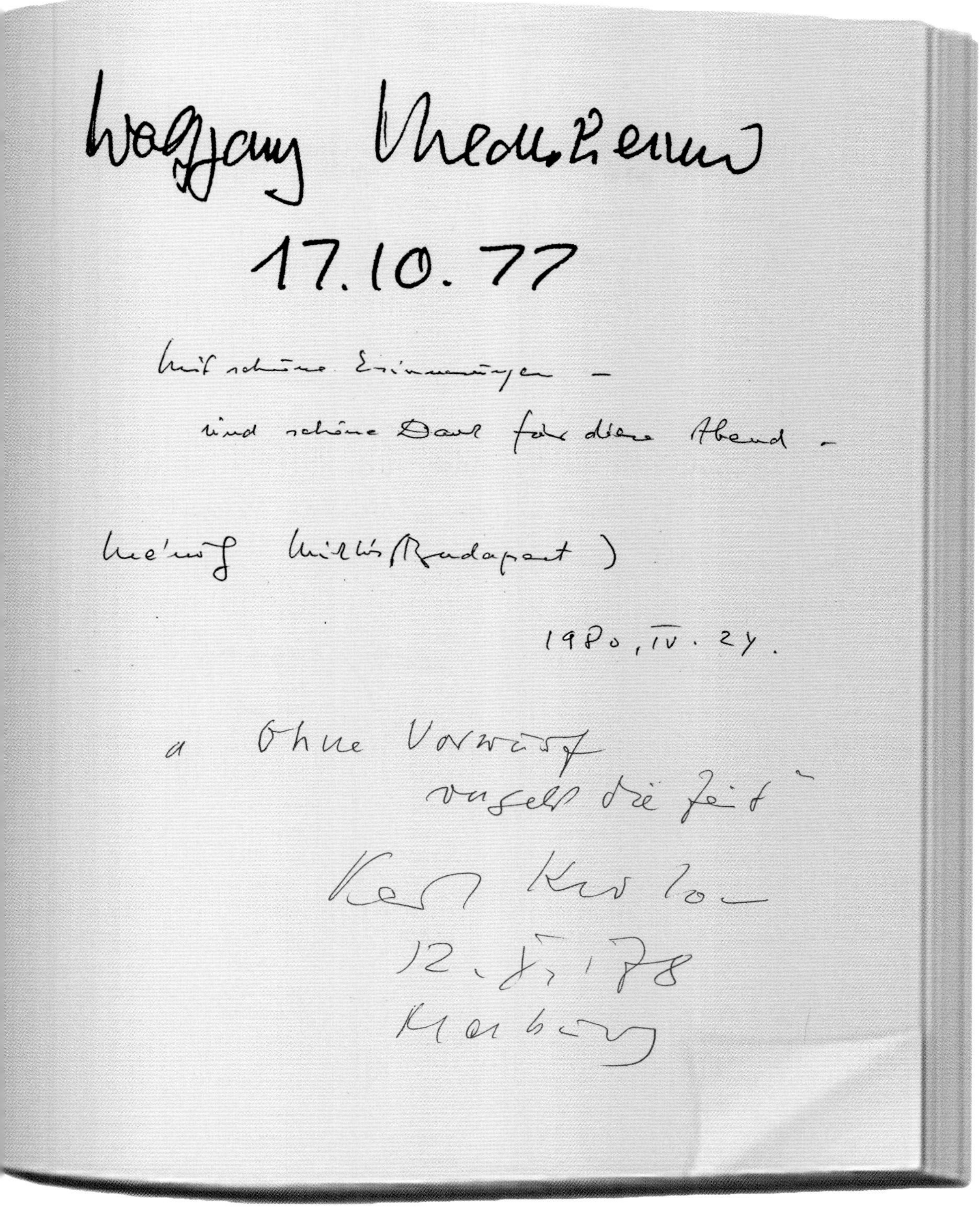
17.10.77
Mit schönen Erinnerungen –
und schönen Dank für diesen Abend –
(Budapest)
1980, IV. 24.
„Ohne Vorwurf
vergeht die Zeit"
Karl Krolow
Marburg

Die Ähnlichkeiten zwischen Prag und Marburg sind überzeugend – von der Architektur, Landschaft bis zu netten Menschen!

Ota Filip
4.2.1978

Ich wünsche noch, daß die beiden unseren Städte auch ähnliche demokratische Perspektive für die Zukunft bekommen

[illegible]
25.2.1979

„Literatur um 11"
Zum erstenmal war ich dabei und bin überzeugt, daß diese kulturelle Initiative die Freiheit der Stadt verdient.

25/2.1979

[illegible]

in Gruß ins grüne Paradies
vom kalten Süden.

Ihr Jens Küss

Marburg, 15. Mai 1979

Ich habe mich bei Ihnen zu Hause gefühlt und danke Ihnen herzlich.

Hermann Lenz
18.10.79

Vielen herzlichen Dank für die zweifache Einladung nach Marburg, für die freundliche Aufnahme, für alles. Bis – hoffentlich – bald, und vielleicht auch in Rumänien.

Werner Söllner
3. 12. 1979

Auf daß sich die rumäniendeutsch-deutschen Beziehungen in Zukunft leichter gestalten lassen, auf daß die vielversprechenden Ansätze in Marburg Früchte tragen – usw. (Trinkspruch)
Abgesehen davon aber war's einfach schön u. menschlich gut, und wir kommen ganz sicher irgendwann wieder, das wird sich nicht vermeiden lassen.

Gerhardt Csejka
3. 12. 1979

Hier war's wirklich sehr angenehm, so liebe Leute ...

3. 2. 1980 [illegible]

[illegible]

[illegible]

... Und der Himmel wird eingerollt wie ein Buch!

Walter Kempowski

Marburg 24.9.80

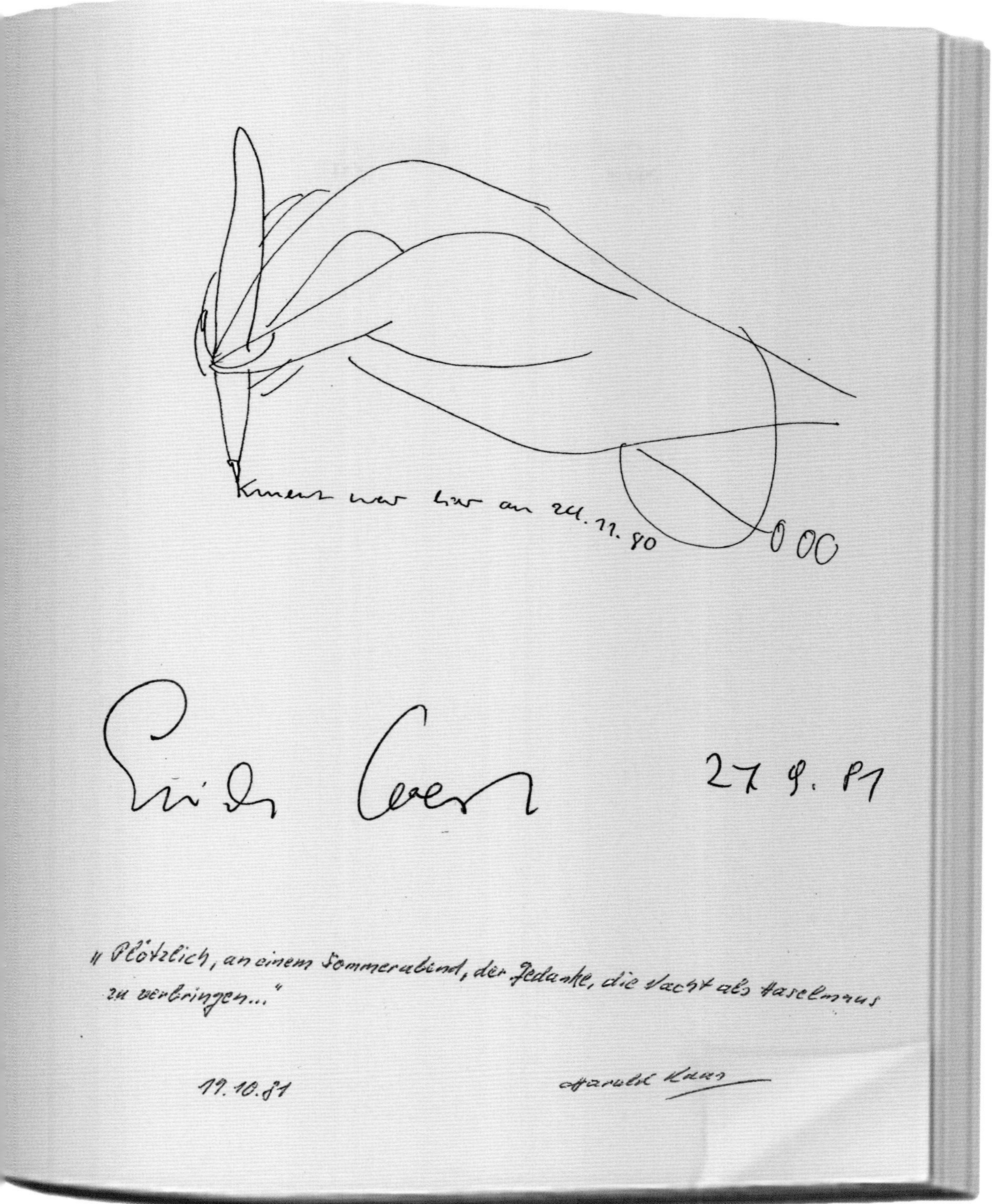
Kunert war hier am 24.11.80
27.9.81
„Plötzlich, an einem Sommerabend, der Gedanke, die Nacht als Haselmaus zu verbringen..."
19.10.81
Harald Kaas

Vielen Dank für eine aufmunternde
Aufmerksamkeit und Freundlichkeit –
8.6.82
Ich wär
gern
wieder
in Marburg
82

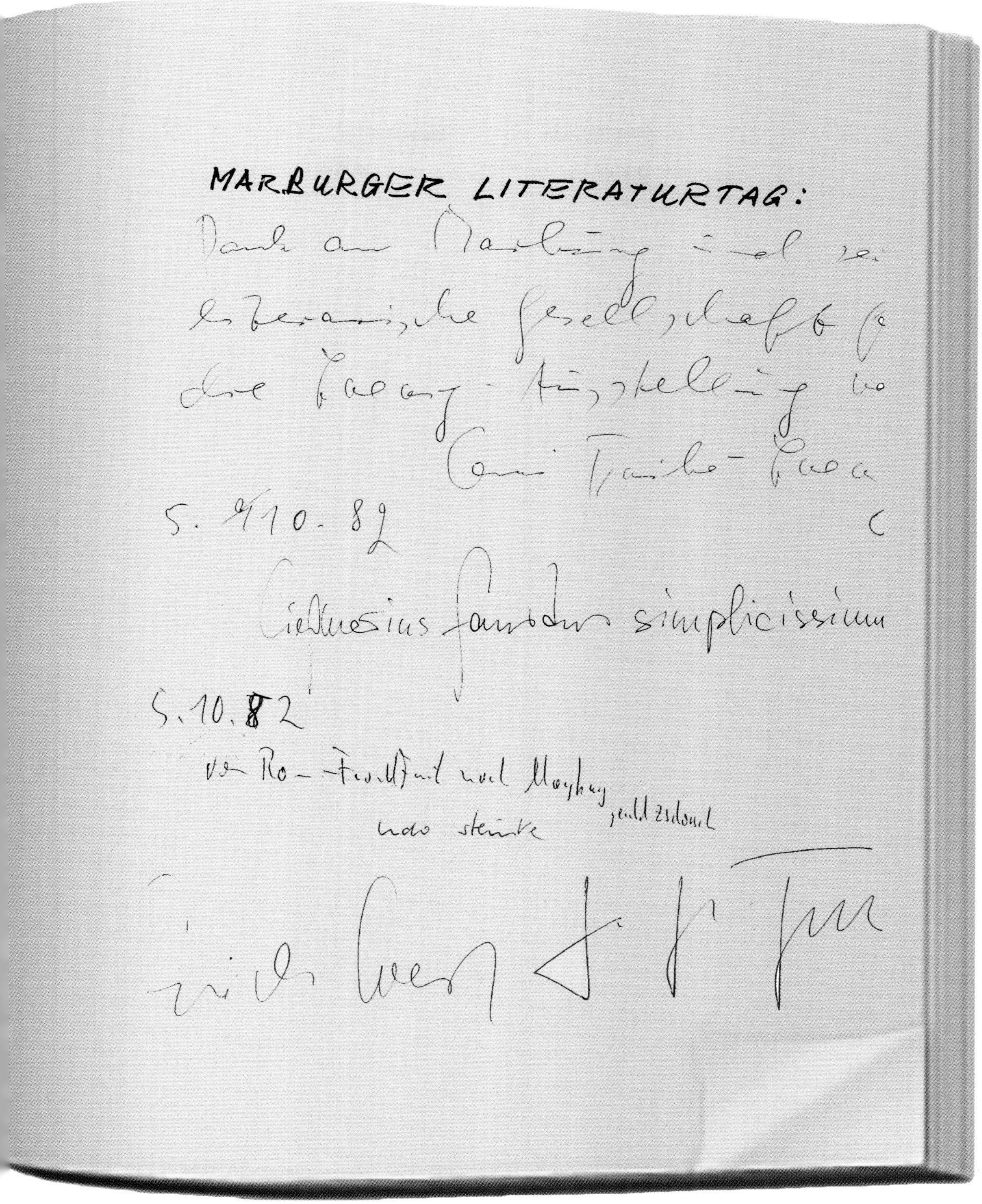
MARBURGER LITERATURTAG:
5.10.82
simplicissimus
5.10.82
udo steinke

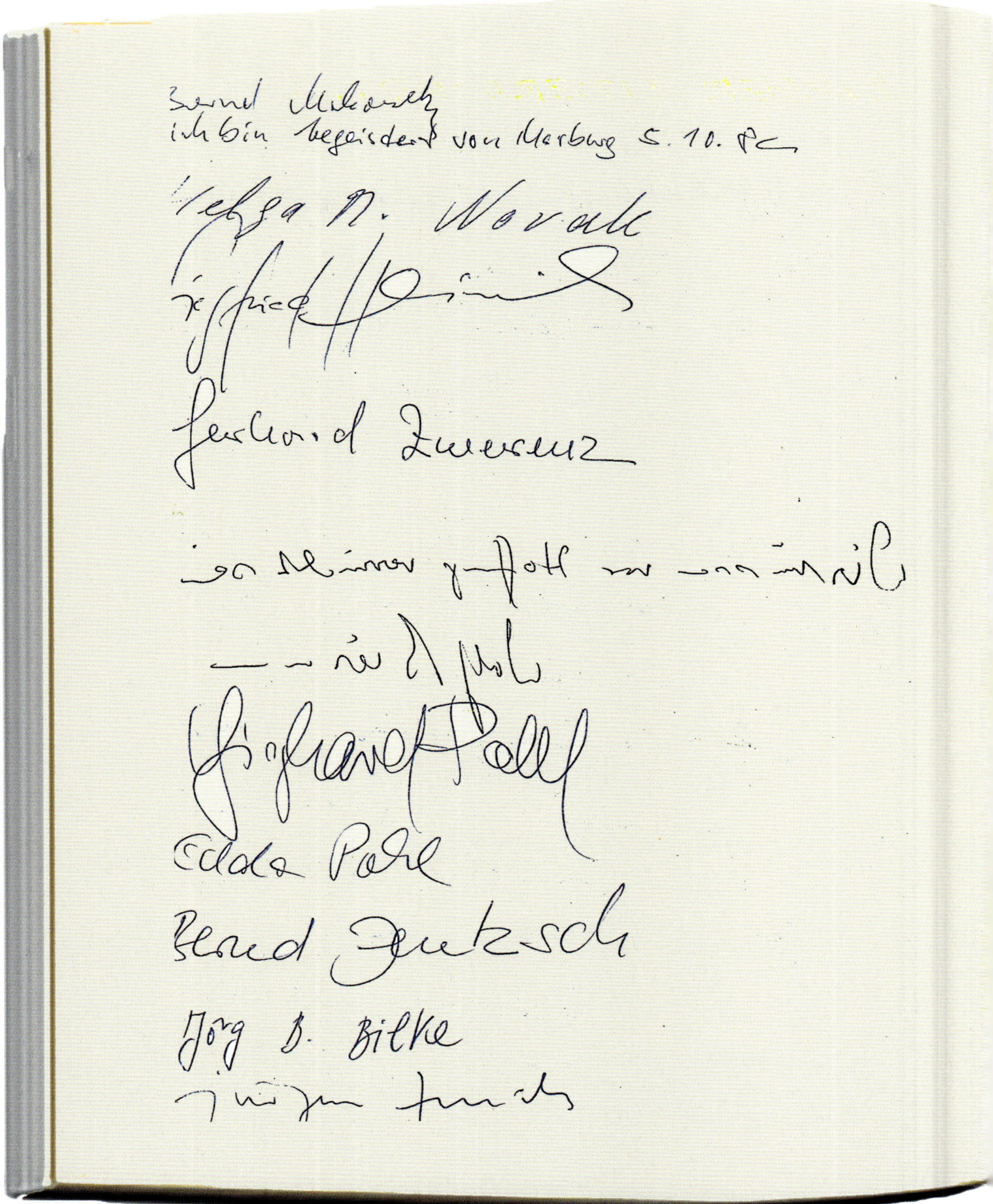
ich bin begeistert von Marburg 5.10.
Helga M. Novak
Gerhard Zwerenz
Edda Pohl
Bernd Jentzsch
Jörg B. Bilke

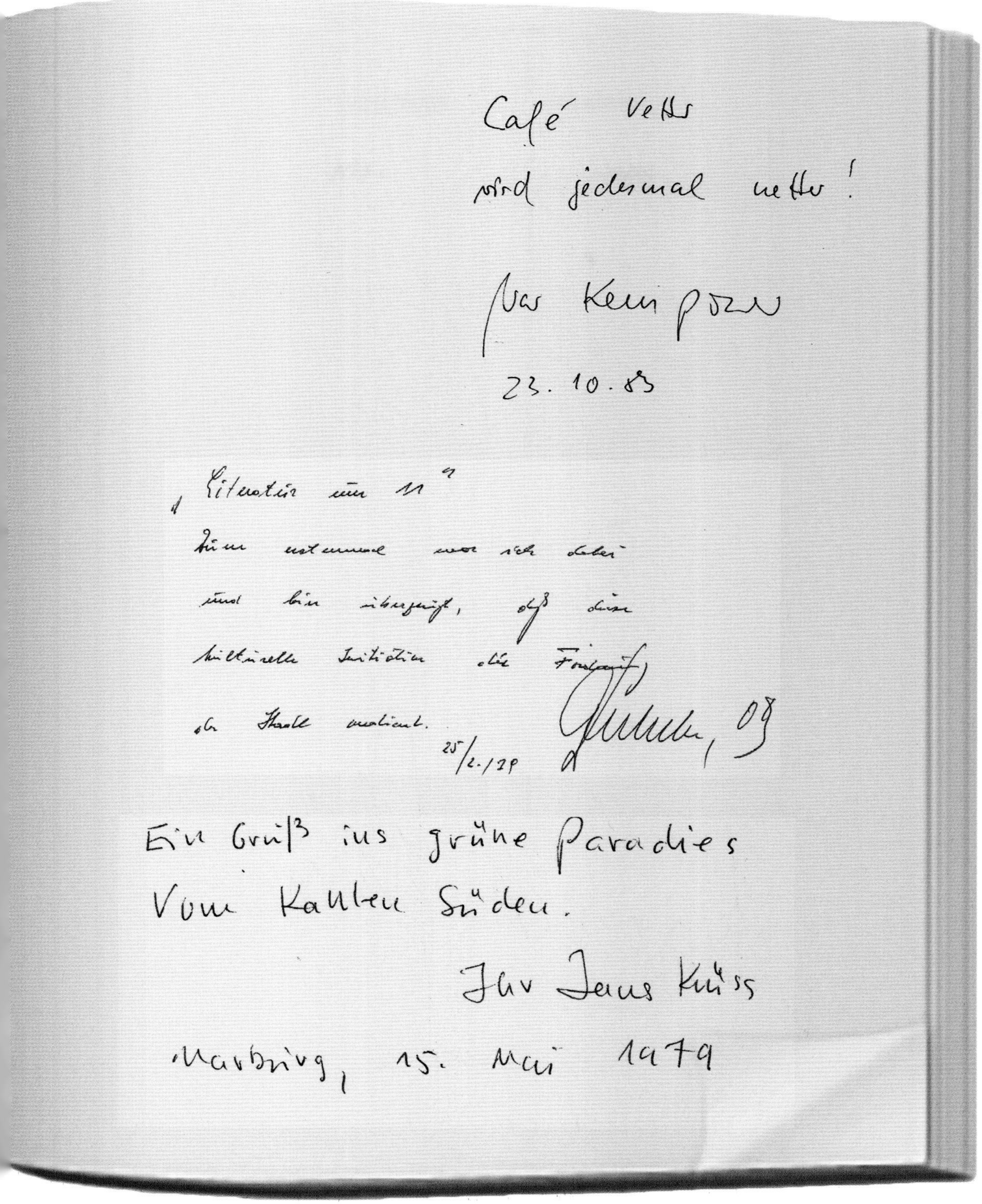

Café Vetter
wird jedesmal netter!

Ihr Kempowski

23.10.83

„Literatur um 11"
Beim erstenmal war ich dabei
und bin überzeugt, daß diese
kulturelle Initiative die Förderung
der Stadt verdient.

25/2./89 [illegible], OB

Ein Gruß ins grüne Paradies
vom kalten Süden.

Ihr James Krüss

Marburg, 15. Mai 1979

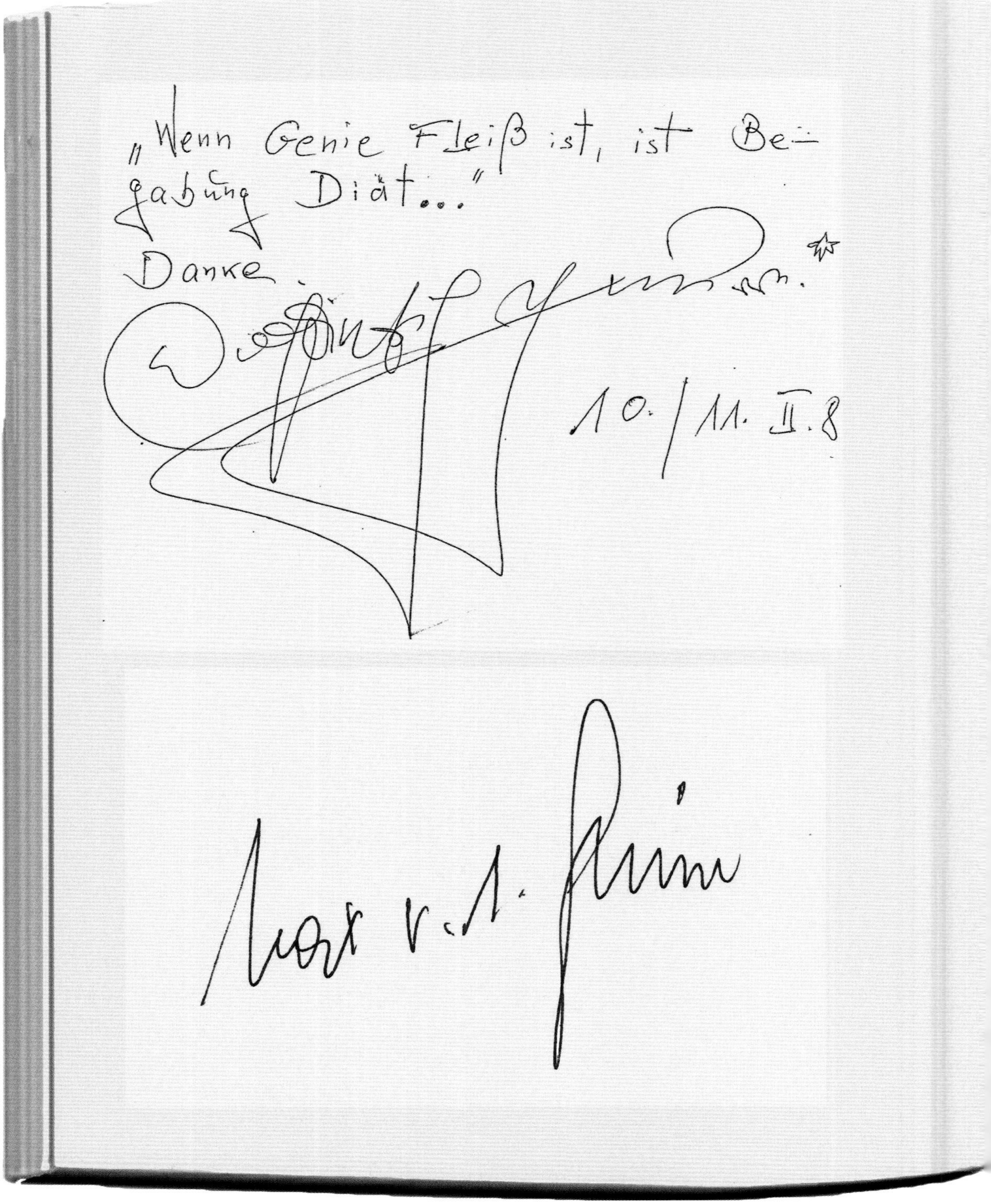
„Wenn Genie Fleiß ist, ist Begabung Diät..."
Danke.
10./11. II. 8

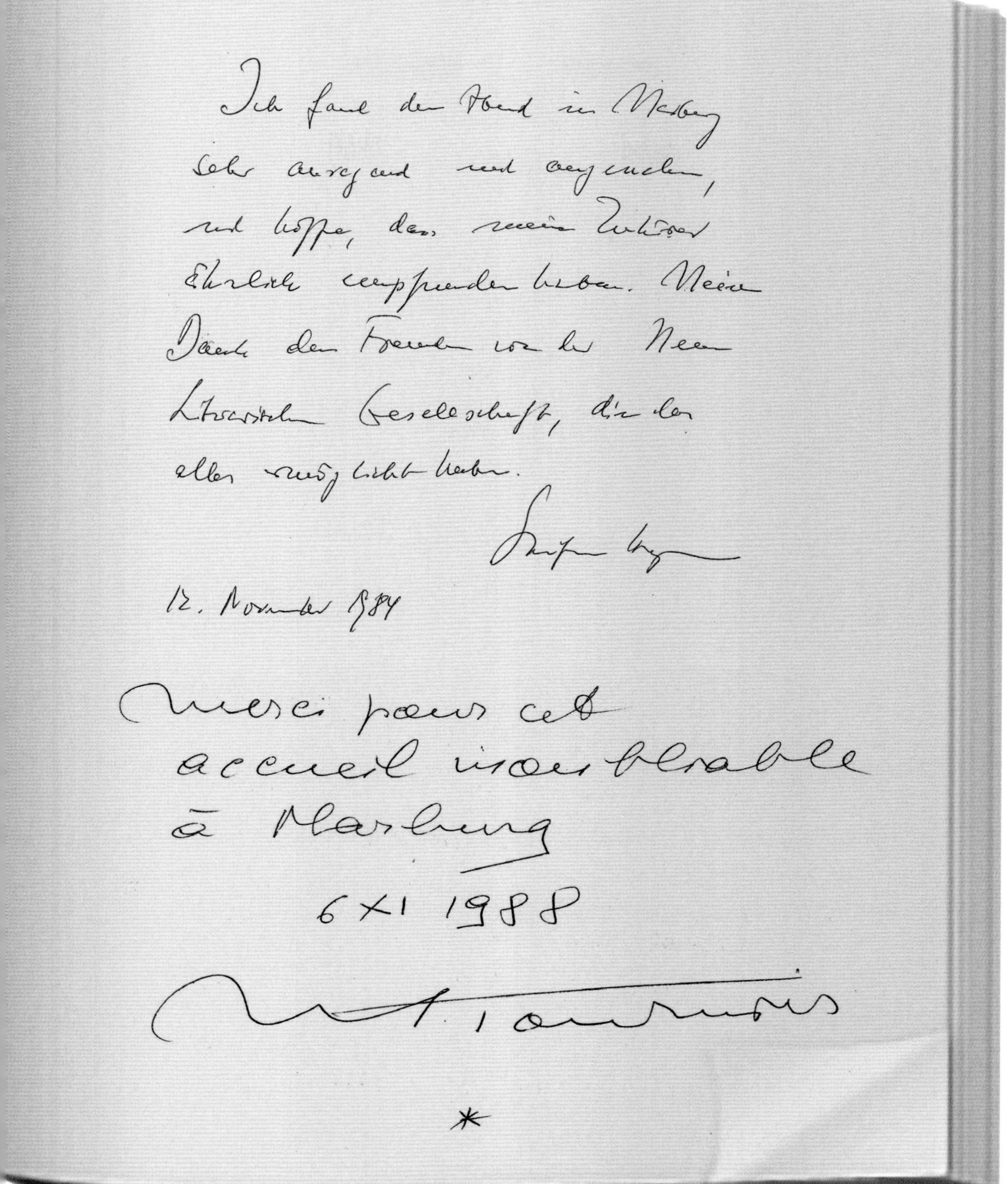

Ich fand den Abend in Marburg sehr anregend und angenehm, und hoffe, dass meine Zuhörer Ähnliches empfunden haben. Meinen Dank den Freunden von der Neuen Literarischen Gesellschaft, die das alles ermöglicht haben.

Stefan Heym

12. November 1984

merci pour cet accueil incomparable à Marburg

6 XI 1988

F. Mitterrand

*

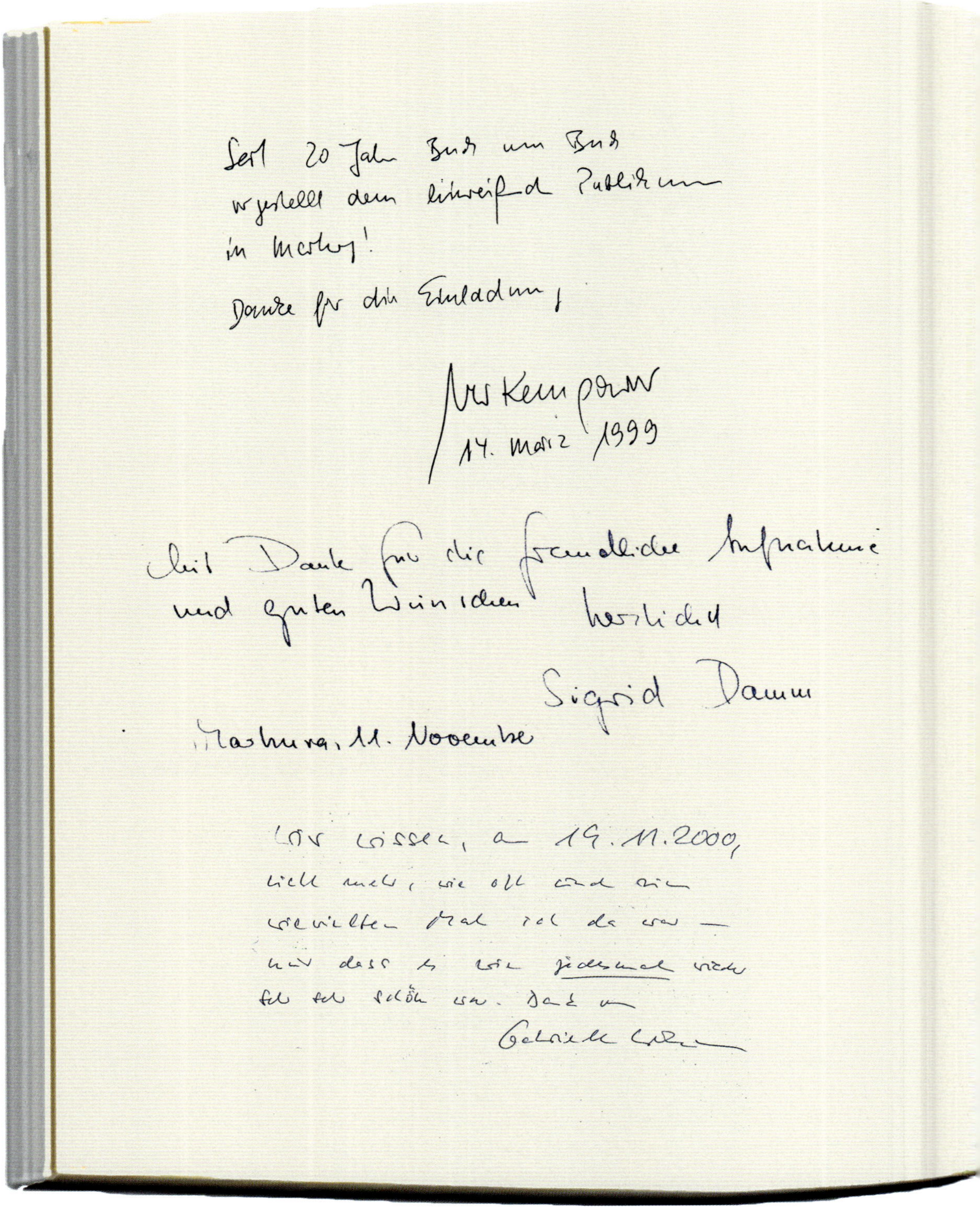
Seit 20 Jahren Buch um Buch
vorgestellt dem hinreißenden Publikum
in Marburg!
Danke für die Einladung,
Walter Kempowski
14. März 1999
Mit Dank für die freundliche Aufnahme
und guten Wünschen herzlich
Sigrid Damm
Marburg, 11. November
Wir wissen, am 19.11.2000,
nicht mehr, wie oft und zum
wievielten Mal ich da war –
nur dass es wie jedesmal wieder
sehr sehr schön war. Dank an
Gabriele Wohmann

Danke Schön!
Doctor fürs Chemie
7.02.2001

Meine Jurte pocht in der Steppe
Die meine große Jurte ist –
Meine kleine Jurte ist das Herz,
in das ich mich immer wieder zu-
rückziehen kann ...

Galsan Tschinag
Nomadendichter aus der
Mongolei

22. April
2001

Sonntag –
Sonnentag

zu wiederholten Male in
Hamburg – auch ein Ort,
wo die Philosophie einmal
in Blüte stand, auch hier
im Café Vetter. Ich komme
immer gerne nach hierher,
am Sonntag-Vormittag, früher
die Hochamts-Zeit

Rüdiger Safranski
27. 3. 2011

Im Café Vetter, einem der
ältesten Café-Häuser Deutschlands
ein Buch mit dem Titel:
„Draußen nur Kännchen" zu präsen-
war ein reines Vergnügen!!

Herzlichst
Asfa-Wossen Asserate
1. VII. 2012

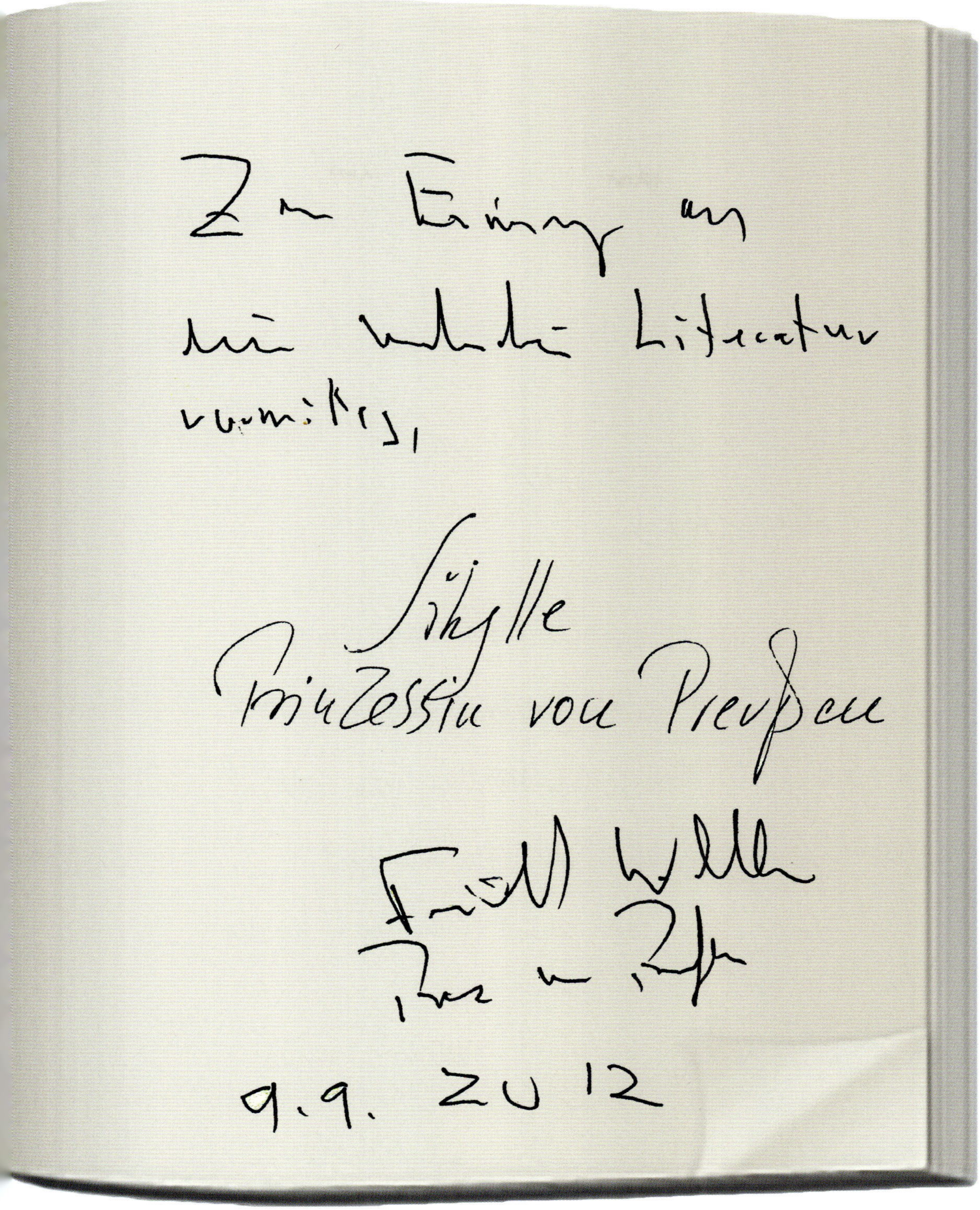
Zur Erinnerung an
den verehrten Literatur
vermittler,

Sibylle
Prinzessin von Preußen

Friedrich Wilhelm
Prinz von Preußen

9.9. 2012

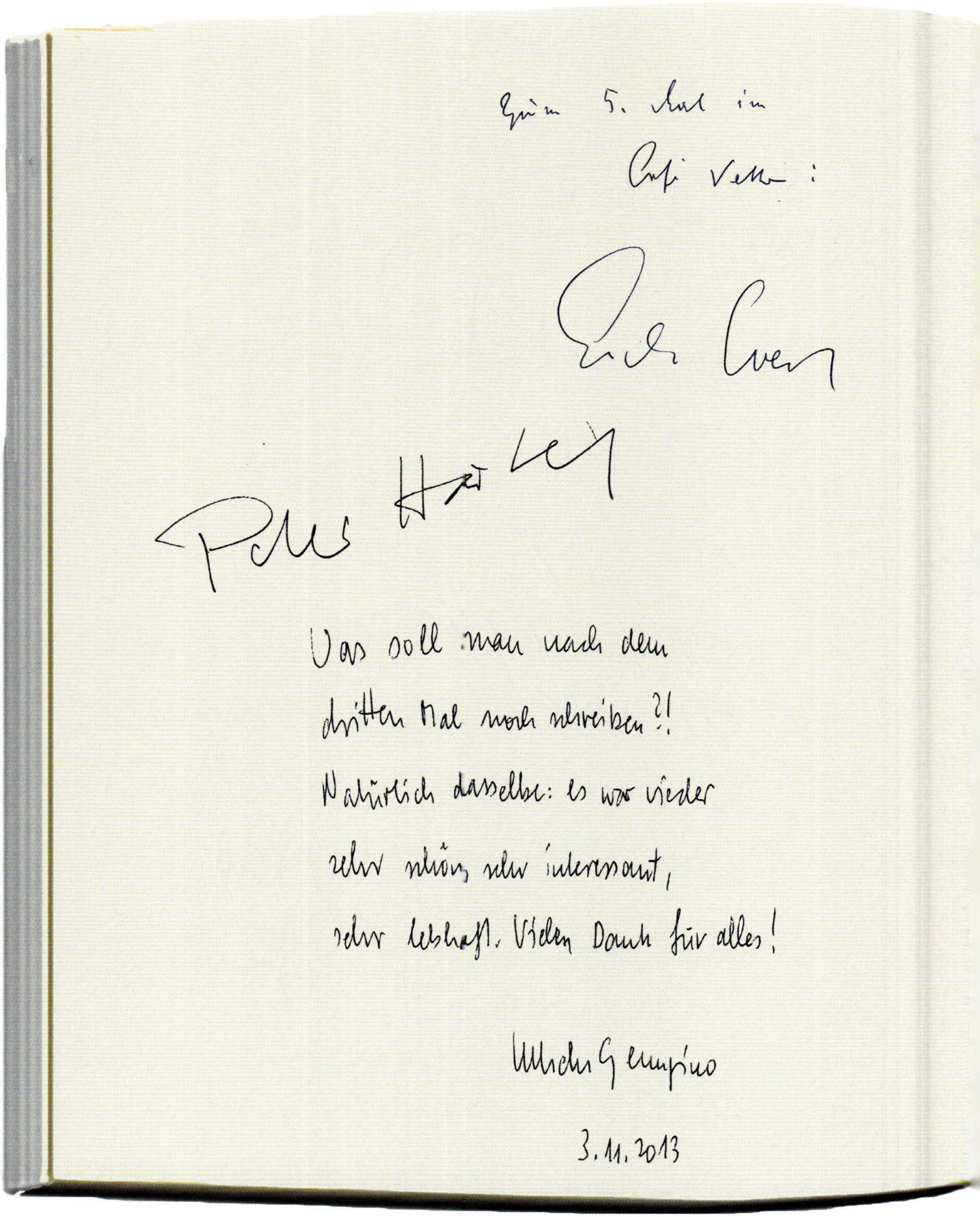
Zum 5. Mal im
Café Vetter:

Erich Loest

Peter Härtling

Was soll man nach dem
dritten Mal noch schreiben?!
Natürlich dasselbe: es war wieder
sehr schön, sehr interessant,
sehr lebhaft. Vielen Dank für alles!

[illegible]

3.11.2013

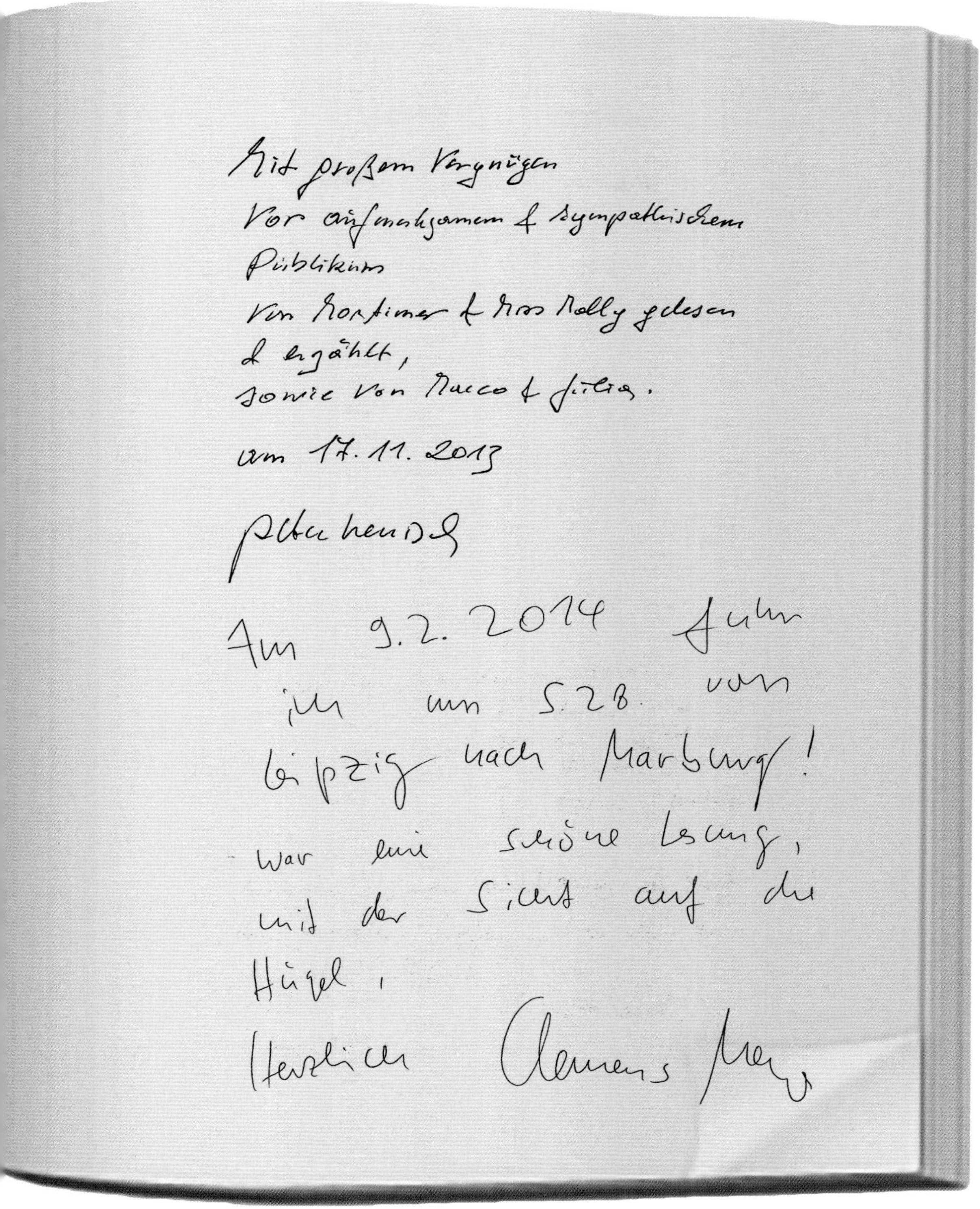

Mit großem Vergnügen
vor aufmerksamem & sympathischem
Publikum
von Mortimer & Miss Molly gelesen
& erzählt,
sowie von Marco & Julia.

am 17.11.2013

[illegible]

Am 9.2.2014 fuhr
ich um 5.28 von
Leipzig nach Marburg!
War eine schöne Lesung,
mit der Sicht auf die
Hügel.
Herzlich Clemens Meyer

Wilhelm u. Martina Vetter mit Prof. Dr. H. Schanovsky

Prinz Wilhelm von Preussen mit Wilhelm u. Martina Vetter

Literaturbüro der NLG in der Aulgasse

Mehr als nur ein Büro

Seit über fünf Jahren ist die NLG in ihrem Büro in der Aulgasse präsent.

Hier finden Sitzungen, Seminare, Pressegespräche und Ausstellungen statt. Im Büro befindet sich auch das Archiv des Vereins mit zahlreichen Dokumenten, Presseberichten, Fotos, Korrespondenzen und signierten Büchern. Seine multifunktionale Nutzung erweitert es zu einem Kulturzentrum in nuce. Zahlreiche Autoren nutzen die Gelegenheit, im Büro, das das Flair einer Studentenwohnung hat, zu übernachten. Es ist im Zentrum Marburgs gelegen, nur wenige Schritte vom Café Vetter oder dem Rathaus entfernt.

Unser besonderer Dank gilt der Familie Vetter, ohne deren Unterstützung sich das Büro nicht hätte realisieren lassen.

Vetter

CAFÉ-KONDITO

Die 3. und 4. Generation Vetter wünschen der NLG zu ihrem Jubiläum alles erdenklich Gute. Dem Vorstand weiterhin eine glückliche Hand in der Auswahl der Themen und Autoren.
Wir blicken zurück auf eine 40-jährige Zusammenarbeit und sind dankbar und auch ein wenig stolz.
Auf die nächsten 40!

Ihre Familien Axel und Sandra Vetter & Wilhelm und Martina Vetter

Nachwort

Als mein unvergessener Freund Reinhard Spalke und ich am 4. November 1973 die erste Autorenlesung im Café Vetter organisierten, wußten wir selbst nicht, daß dies zum eigentlichen Gründungsdatum der Neuen Literarischen Gesellschaft werden sollte. Die fünf Autoren aus vier Länden, die für ein volles Haus gesorgt hatten, waren allesamt, wie die Initiatoren selbst, Literaten, die sich um die Zeitschrift LOG vereint hatten. Unsere Vorstellungen waren zunächst noch sehr verschwommene. Aber einen „Verein" zu gründen erschien uns als kleinbürgerlich. Wir sammelten nach der Lesung einfach Geld beim Publikum. Man hatte uns übrigens schlechte Prognosen für den Fortbestand gestellt. Aber gerade der Ort, ein Kaffeehaus, und der Zeitpunkt, sonntags um 11, erwiesen sich als beste Voraussetzung für die Zukunft. Als wir uns, um Berufsautoren bezahlen zu können, an den Kulturdezernenten Dr. Gerhard Pätzold mit der Bitte um finanzielle Unterstützung wandten, machte er uns klar, daß die Stadt ohne einen juristischen Status, hieß Vereinsgründung, einen Zuschuß nicht gewähren könne. Indirekt war er, mit dem wir später zahlreiche kulturpolitische Auseinandersetzungen führen sollten, sozusagen „Mitbegründer" des Vereins, der im April 1974 von ca. 30 Literaturfreunden ins Leben gerufen wurde.

Das erste Jahrzehnt hat meinen Freund Reinhard Spalke und mich, die wir uns den Vorsitz teilten, als Dioskuren vereint. Er ging später in die Politik (Stadtverordneter der FDP) und gliederte den wachsenden Bereich Schullesungen in einen eigenen Verein aus.

Die Lesereihe „Literatur um 11" erlangte bald Kultstatus. Es gelang, den hochdotierten Marburger Literaturpreis bei Stadt und Landkreis durchzusetzen und durch die Einladung an Dissidenten aus der DDR wie dem Ostblock für regen Diskussionsstoff zu sorgen, im linken Marburg natürlich umstritten und von der Stasi beobachtet. Unvergessen bleibt der große DDR-Literaturtag in der Stadthalle am 5. Oktober 1982.

Wenn ich heute nach 41 Jahren immer noch als Vorsitzender zurück schaue, kann ich, wovon diese Publikation Rechenschaft ablegt, auf eine literarisch und kulturpolitisch spannende Zeit zurückblicken, auf die fast unübersehbare Zahl von 1500 Kontakten, Gesprächen und Begegnungen mit Autoren zwischen Buenos Aires und Ulan Bator, Stockholm und Rom, Barcelona und Bukarest, Paris und Moskau usw. Es entstanden Bekanntschaften und Freundschaften, aus denen sich eine langjährige literarische Zusammenarbeit ergab.

Wohlmeinende bezeichnen meinen Einsatz, zudem rein ehrenamtlich, als meine Lebensleistung. Um so mehr drängt es mich, den vielen Begleitern und Helfern dieser über 40 Jahre umfangreicher Aufgaben meinen Dank abzustatten.

Ohne meinen frühverstorbenen Freund Reinhard Spalke hätte der Verein die ersten Jahre kaum überstanden. Als Vizevorsitzende folgten Gunilla Rising Hintz, Dr. Karl-Heinrich Rexroth, Günther Jahn, Professor Dr. Anne Neuschäfer, Friedrich Paff und Rotraud Urff; gegenwärtig Eckart Holzgrefe. Rotraud Urff stellte ihre Wohnung für Vorstandssitzungen zur Verfügung. Russische Gäste erinnern sich noch heute an ihre Gastfreundschaft und Kochkunst. Günther Jahn war mit mir mehrmals in Moskau, in Vilnius, in Kiew oder in Prag bei Kooperationspartnern unterwegs. Zwei Jahrzehnte leitete er unsere Dependance in Biedenkopf. Dies sei erwähnt, weil ohne viel persönliches Engagement der Verein nie diese Akzeptanz bei unseren Gästen gefunden hätte.

Das schwierigste, undankbarste Amt übernahmen die Schatzmeister, anfangs treffender als Kassenwart bezeichnet: Rosemarie Bartuzat, Ulrike List, Heike Willig, Dr. Roland Pohling, Martha Greul und derzeit eine gelernte Bankkauffrau, die mit großer Umsicht die Finanzen zu führen versteht und fast jeden Sonntag zusätzlich noch an der Kasse im Café Vetter steht, Marianne Baader.

Ich nenne noch weitere Vorstandsmitglieder wie Dr. Gerhard List, Dr. W. A. Eckhardt, Bela Vago, Elisabeth Symon, Gabriele Ziehr, Lothar Balzer oder Kristin Seeber. Die Genannten stehen stellvertretend für viele andere, die hier nicht alle aufgeführt werden können.

Mehrere Jahre hat Gitte Walthers nicht nur das Büro betreut, sondern ist oft als „Nothilfe" eingesprungen. Das bleibt unvergessen.

Mein ganz persönlicher Dank gebührt Professor Dr. Horst Schwebel, der, seit er die erste Veranstaltung moderiert hat, als Mitstreiter, Berater, immerwährender Ansprechpartner und Autor des grundlegenden Beitrags in dieser Publikation sich immer wieder für den Verein eingesetzt hat.

Das Ehepaar Wilhelm und Martina Vetter und die Familie ihres Nachfolgers Axel Vetter haben die Veranstaltungen überhaupt erst ermöglicht und damit der Literatur eine besondere Begegnungsstätte zugänglich gemacht.

Der damalige Präsident der Philipps-Universität Prof. Dr. Werner Schaal, hat die Beziehungen zu Moskau unterstützt und zahlreiche Diplomaten als Besucher der NLG zu Gesprächen empfangen.

Ich muß noch die Ansprechpartner aus der Politik erwähnen, mit denen ich über viele Jahre zu tun hatte. Es haben den Verein gefördert die Oberbürgermeister Dr. Hanno Drechsler, Dietrich Möller und jetzt amtierend Egon Vaupel, der auch mitgeholfen hat, den neuen Literaturpreis aus der Taufe zu heben. Ich freue mich. daß nach seinem Ausscheiden aus der Politik sich das Verhältnis zu Dr. Gerhard Pätzold normalisiert hat. Ein starkes Zeichen seinerseits war sein Erscheinen bei meinem „runden" Geburtstag im Café Vetter. Nicht vergessen möchte ich unseren Nachbarn in der Aulgasse, das Kulturamt mit seinem immer ansprechbaren Leiter Dr. Richard Laufner und der Dezernentin Dr. Kerstin Weinbach. Nicht vergessen darf ich den Geschäftsführer der GEWOBAU, Herrn Bernd Schulte, dessen Sponsoring uns sehr geholfen hat.

Dr. Christean Wagner hat sowohl als Landrat wie als Minister und Fraktionsvorsitzender der CDU im Hessischen Landtag unsere Anliegen unterstützt; so hätte es ohne ihn die sieben Verleihungen unseres Marburger Literaturpreises nicht gegeben. Als Kanzleramtsminister hat Friedrich Bohl in Bonn und beim Besuch in Moskau den deutsch-russischen Literaturaustausch gefördert. Einen speziellen Dank schulde ich den österreichischen Landeshauptmännern Wagner, Dr. Ratzenböck und Dr. Pühringer sowie meinem Freund und Autor Bürgermeister Professor Hugo Schanovsky in Linz.

Aber was wäre alles ohne die aktive Mitwirkung und fortwährende Unterstützung meiner Frau Gabriele. Sie hat mich seit der Gründung bis heute nicht im Stich gelassen und sich als Gastgeberin vieler Autoren bewährt. Ein hoher Anteil an Auszeichnungen, die ich bekam, gebührt ihr.

Georg Ziehr hat an der Bearbeitung des Foto- und Archivmaterials der NLG, das er zur Verfügung gestellt hat, großen Anteil.

Seit Kurzem hat mit Karl-Heinz Symon ein Verleger dem Verein die Möglichkeit für Veröffentlichungen geschaffen und damit das Wirkungsfeld des Vereins erweitert. Ohne ihn wäre diese Publikation nie in dieser Form erschienen. Wenn diese Publikation in Text und Bild auf so ansprechende Weise präsentiert wird, so ist dies dem Einsatz von K. H. Symon zu verdanken.

Eine Besonderheit gilt es zum Schluß hervorzuheben, die auch den meisten Autoren aufgefallen ist, unser literarisch erfahrenes und aufmerksames Publikum. Ihm gilt mein persönlicher Dank in der Hoffnung, daß es uns „treu" bleibt.

Ludwig Legge, im November 2014

Danksagungen

Herzlichen Dank

für die finanzielle Unterstützung:
Dem Land Hessen, vertreten durch den Hessischen Minister für Wissenschaft und Kunst, Boris Rhein und der Stadt Marburg, vertreten durch den Oberbürgermeister Egon Vaupel und der Kulturdezernentin Dr. Kerstin Weinbach sowie den Inserenten GeWoBau, Café Vetter, Marburger Hof, Boutique Avantgarde.

für die Unterstützung beim Layout, Lektorat, technische und verlegerische-und presserechtliche Beratung:
Heinz-Werner Kubitza, Erwin Symon, Benedikt Julius Klein, April Cummings, Georg Ziehr, Daniela Engel, Gerlinde Schwebel, Karin Stichnote-Botschafter, Uwe Badouin.

für literarische Beiträge externer Autoren:
Prinz Dr. Asfa-Wossen Asserate, Lydia Mischkulnig, Wjatscheslaw Kuprianow, Mathias Mander, Wilhelm Georg Ziehr, Eckard Henscheid, Hugo Schanovsky.

für Sachbeiträge interner Autoren:
Heiko Postma, Florian Schwebel, Horst Schwebel, Ludwig Legge, Wilhelm Georg Ziehr.

für Beiträge zur Kleinen Anthologie Marburger Lyriker:
Gerhard Marcel Martin, Justus Noll, Friedrich G. Paff, Brigitte Probst, Peter Jürgen Rieckhoff, Mladen Rupec, Reinhard Spalke, Elke Therre-Staal, Antje Welz, Heike Willig.

für Beiträge der Uni im Café Autoren:
Prof. Dr. Ralph Backhaus (Rechtswissenschaften), Prof. Dr. Dr. h. c. Wolfgang Drechsler (Staatswissenschaften), Dr. Dr. Joachim Kahl (Theologie, Philosophie), Prof. Dr. Hans Joachim Lope (Romanistik), Prof. Dr. Marcel Martin (Theologie), Prof. Dr. Wolfgang G. Müller (Anglistik), Prof. Dr. Heinz-Joachim Müllenbrock (Anglistik), Prof. Dr. Arbogast Schmitt (Gräzistik).

für Beiträge von Autoren des Verlags Blaues Schloss:
Regine Wagner Preusse, Horst Schwebel.

K. H. Symon, Marburg im November 2014

Bildnachweis:

Archiv NLG Fotos und Scans (Georg Ziehr)
22, 27, 28, 30, 32,34,38, 42, 55,66,74, 79, 81, 87, 92, 101.

Archiv Verlag Blaues Schloss Fotos und Scans
17 Foto, 19 Foto, 25 Foto, 30 Scan, 31Scan, 32 Scan, 33 Foto, 36 Scans, 39 Scans, 40 Scan, 42 Scan, 46-47 Scans, 49 Scan, 50 Scan, 52-53 Fotos, 54 Foto, 57 Scan, 58 Scan, 62 Foto, 63 Scan, 64 Scan, 71 Scan, 76-77 Scans, 82-83 Scans, 84 Scan, 85, 93 Scans, 94-95 Scans, 97 Scan, 100 Foto, 102 Scan, 106 Scan, 108-110 Fotos, 112 Foto, 115-116 Fotos, 117 Foto, 125-126 Fotos, 142 Fotos außer Prof. Ch. Friedrich Institut für Pharmaziegeschichte, 159 Foto, 162-164 Fotos 176-177 Fotos, 184 Grafik, 193 Foto, 195 Montage, 196 Montage, 199 Montage, 203 Montage, 204-205 Grafik, 213 Foto, 215 Fotos, 217-218 Fotos.

Bilder wurden zur Verfügung gestellt von:
Badouin, Uwe 7, Friedrich, Ch. 164, Legge, Ludwig 92 142
Martin, G. Marcel 147, Müllenbrock, H.W. 163, Noll, Justus 148
Paff, Friedrich 149, Postma, Heiko 20, Probst, Brigitte 151
Rieckhoff, Peter G. 152, Rupec, Mladen 154, Schmitt, Arbogast 163
Schwebel, Florian 44, 60, Heike Willig 158, Spalke, Reinhard 155
Theere-Staal, 156, Ziehr, Wilhelm Georg 28
H. J. Müller: Kristin Seeber 142
Flaneure, „Zwei Dandys mit Zylinder“, Quelle: URL 166

Nachweise April Cummings:
„http://www.freepik.com/free-vector/blackboard-anniversary-graphic-elements_713459.htm“ Designed by Freepik.
„Paper Texture“ (Quelle: Spiteful Pie Stock von deviantart.com.
„Crinkled Paper Texture“, Chokingonstatic.
„Paper Texture Version 5“ von Bashcorpo.
EditedPaperTexture „Old Paper Texture“ von caminopalmero und von deviantart.com. „RippedPaper“ PSD Dateien.

Namensregister

A

B

C

D

E

F

G

H

I

J

K

N

O

P

R

S

T

U

V

W

Z